翻訳と話法
語りの声を聞く

伊原 紀子 ［著］

松籟社

『翻訳と話法：語りの声を聞く』 目次

はしがき 7

第1章　序論：翻訳と話法のコミュニケーション・・・11
1. なぜ話法なのか？ 研究の枠組みについて　11
2. 分析のアプローチ　17
    2.1　談話分析　17
    2.2　異化・同化　18
    2.3　データ：日英の小説から　19
3. 本書の構成　21

第2章　翻訳の理論的背景・・・・・・・・・・・・・・25
1. 異化・同化のストラテジー　25
    1.1　原文への忠実さか自然な読みやすさか　25
    1.2　シュライアーマハーの異化・同化　26
    1.3　ヴェヌーティの異化・同化　27
2. 機能主義的翻訳理論　32
    2.1　コミュニケーション的・機能的アプローチ　32
    2.2　等価理論の問題点　34
    2.3　関連性理論の観点から　37
    2.4　スコポス理論　41

    〜 Tea break1 〜　翻訳活用法　47

第3章　伝達のメカニズム・・・・・・・・・・・・・・49

1. 翻訳と話法の伝達　49
2. 比較によって見えるもの　51
3. 直接話法と伝達者の意図　52
4. 具体例分析　53
   4.1　元発話／STの変容　54
   4.2　元発話／STの非変容　60
   4.3　分析結果のまとめ　66
5. 結び　68

補遺：擬似翻訳と想定話法　69

第4章　話法の理論的概観・・・・・・・・・・・・・・・83

1. 話法の一般的定義　84
   1.1　英語の話法　84
   1.2　日本語の話法　87
2. 形態的特徴　90
   2.1　英語の話法　90
   2.2　日本語の話法　93
3. 機能的特徴　97
   3.1　英語の話法（リーチとショートの話法分類）　97
   3.2　日本語の話法　101
   3.3　複数の「声」　103
4. 本研究での捉え方　109

〜 Tea break2 〜　言葉あそび　115

第 5 章　話法翻訳：事例研究 I
翻訳の手法・・・・・・・・・・・・・・・117

1. 翻訳における異化・同化　117
2. 小説の中の話法　118
   2.1　語り手の声と登場人物の声　118
   2.2　小説内の声や思考が翻訳されるとき　120
      2.2.1　分析の方法　120
      2.2.2　分析の結果　121
3. 話法に関わる翻訳の訳文分析　125
4. 結び　133
   添付資料　137

〜 Tea break3 〜　慣例に依存することば　145

第 6 章　話法翻訳：事例研究 II
感情表現に焦点を当てて・・・・・・・・・147

1. 小説の地の文に現れる感情表現　147
2. 小説の言葉に託される感情　148
   2.1　日英のモダリティ　149
   2.2　小説のコミュニケーションと言語の対人的機能　151
3. 訳文分析　154
4. 結び　166

〜 Tea break4 〜　訳文比較　174

第 7 章　話法翻訳：事例研究Ⅲ
　　　　　自由間接話法を中心に・・・・・・・・・・・177

1.　語りの「声」を聞く　178
2.　自由間接話法に「声」を聞く　181
　　2.1　自由間接話法の読み取り　181
　　2.2　自由間接話法が登場人物の「声」として
　　　　翻訳された場合　183
　　2.3　自由間接話法が語り手の「声」として
　　　　翻訳された場合　188
3.　「声」の受けとめ方　193
4.　3 人称過去時制に見る displaced immediacy の効果　196
5.　響き合う二つの「声」　197
6.　自由間接話法の和訳に当たって　203
　　6.1　自由間接話法の解釈の幅　203
　　6.2　「声」を限定しない和訳の例　204
　　6.3　日本語にできること　207
　　6.4　日本語の意識描写と英語の
　　　　自由間接話法の平行性　210
7.　結び　213

第 8 章　まとめと補説・・・・・・・・・・・・・・・・219

引用作品　　　227
参考文献　　　230

あとがき　243
索引　246

はしがき

　無心に童話を読んでいた子供の頃には、それらの多くが元々外国語で書かれたものであることなど、思いもよらなかった。ましてやその物語が文化を超えて自分の手元に届くまでに、文化差を埋めるため、あるいは教育的配慮といった様々な要因から、変容を遂げていたことなど考えるはずもなかった。

　現代日本社会には何種類もの外国語が氾濫しているが、同時に様々なタイプの翻訳が産出されている。中国や西洋の言葉を翻訳することによって、新しい言葉を生み出し、新しい概念をどんどん吸収していた明治時代とは、翻訳を巡る環境も様変わりしてきた。この多岐にわたる翻訳の方法を、場当たり的なノウハウではなく、できるだけ体系的な理論として提示できれば、というのが本書の目的である。

　本書では翻訳を異文化コミュニケーションと捉え、機能主義的翻訳理論に基づいたアプローチをとる。つまり翻訳を評価する際にも、ただ、オリジナルに忠実であるかとか、こなれた表現で読みやすいかといった側面からだけで判断するのでなく、翻訳というコミュニケーションの目的に照らして、適切かどうかを問題にする。機能主義的翻訳理論はどの言語ペアにも当てはまる一般理論であるが、本書の事例分析は日英の文学翻訳という個別の研究領域を扱う。また、体系的な事例分析を行うため、話法表現に的を絞って考察を加え、言語学を始めとして、コミュニケーション学、文化人類学などの知見も援用した。

本書の基盤となる博士論文を執筆した際、指導教官であった中川正之先生から出版を勧めて頂いた。また、学会の書誌情報などを通じて興味を持って下さった方々から、何度か購入の申し込みを頂くことがあった。海外で翻訳の勉強をしておられる方からメールでの問い合わせもあり、出版を促して頂いた。そういう声にも励まされながら、今回出版の機会を得たものの、博士論文からは随分と年月が経ってしまった。しかしその間、本書の内容について、様々な学会や研究会での発表ならびに学会誌への掲載の機会などを通して、貴重なご意見を頂いたお陰で、博士論文よりも分量・内容ともに少しは厚みが増したのではないかと、なかなか重い腰を上げなかった自分への、ひそかな弁解にしている次第である。

2011 年春
伊原紀子

翻訳と話法
語りの声を聞く

第 *1* 章

序論：翻訳と話法のコミュニケーション

1. なぜ話法なのか？　研究の枠組みについて

　翻訳については、今までに様々な角度から語られてきたが、本書では話法を軸として翻訳を考える。翻訳を論じるに当たって、なぜ話法を取り上げるのか？　この疑問に答えるために、次の二種類の文を読み比べて頂きたい。

（1）a. 幻滅、失望、悲哀、もうなんでもよろしい。三週間の間、ひそかに描いていたばら色の空想まですっかり粉みじんにされて──

　　　（ハ、ハ、ハ、ハ、喜劇よ。これは……）
　　　恨めしさとも怒りともつかぬものが巴絵のほおをひきつらせた。
　　　（お兄さまがわるいんだわ、みんな）

　　b. 幻滅、失望、悲哀──これら全てのもの、いやそれ以上のものが彼女を押しつぶしそうになった。ここ三週間の間ひそかに描いていたばら色の夢は、みごとに崩れ去った。巴絵の頬は、恨めしさとも怒りともつかぬものでひきつった。それはすべて隆盛のせいであった、すべて……

(1a) は遠藤周作の『おバカさん』の一節であり (1991: 44)、(1b) はその英訳 (Owen, 1974: 40) をできるだけ言語形式に忠実に逆翻訳 (back translation) したものである [1]。文章の巧拙は別としても、語り方の違いが歴然とするはずである。(1a) の最初の2行では、語り手が出来事の体験者である巴絵の立場に立って、出来事の内からその状況を表現している。その下の（　）内が、巴絵の直接の声であるから、最初の「幻滅、失望、悲哀、もうなんでもよろしい。[…] 粉みじんにされて——」は、その巴絵自身の口調とは違っており、彼女に寄り添って感情移入をした、人間味あふれる語り手の言葉である。一方 (1b) の方は、なるべく物語の前面に顔を出さない語り手が、事態を客観的に外から眺めて報告している。読者は語り手とも登場人物ともある程度の距離を保っており、巴絵の声をじかに聞くことはない。最後の「すべて隆盛のせいであった、すべて……」は、巴絵の心の中を見通した語り手が、その気持ちを代弁しているともとれるが、全知の語り手 (omniscient narrator) が客観的な判断を下しているともとれる。(1a) では「もうなんでもよろしい」という表現から、自分勝手な夢を膨らませていた巴絵の落胆とやるかたない怒りに対して、心底同情しているわけではなく、むしろユーモラスに揶揄している語り手の態度が垣間見える。そのため、その直前の「幻滅、失望、悲哀」という語句がむしろ喜劇的に大げさに響いている。巴絵の口調からも、明るい気の強い女性像が浮かび上がり、読者はこの女性にどんな不幸が待ち受けているのかと不安になることはない。(1b) を読んだだけでは、女性が深刻な事態に追い込まれ、兄の隆盛は冷酷非情な男に違いないと感じても不思議はない。

このようにコミュニケーションに当たって、受け手（読者）は叙述の内容だけでなく、その叙述に対して送信者（語り手）がど

ういう感情的態度（affective orientation）を取っているのかを知り、その叙述をどう解釈して反応すればよいか判断するきっかけをつかむことが多い。例えば何かを述べる際に、不真面目な態度で、あるいは皮肉たっぷりに言うと、聞き手は述べられた命題内容よりも、話者の発話態度の方に焦点を当てて反応することが多い（Ochs and Schieffelin, 1989: 10）。

　小説の語りにおいて、話法表現にはこの感情的態度がしばしば表出される。話法とは狭義には発話者の言葉の中に、他者の言葉を取り込んで表す方法、もしくはその言語手段をいうが、本書では他人の言葉を伝達する行為（引用）や、他人の言葉を表す表現（話法表現）という意味も含めて話法という言葉を用いる。このように考えると、小説で語り手が語る言葉の中に、登場人物の言葉や思考をどのように取り込んで表現しているかという問題を話法の枠組みで捉えることができる。話法表現に留意するということは、叙述内容以外の話者の気質や対人関係など非指示的な情報（論理的意味に対して社会的意味（Ochs, 1992: 338））に留意するということになる。

　小説を翻訳する際にこのような話法表現をどう扱うかということは、登場人物の性格や語り手の人物像、読者との距離などに影響を与えて、テクストのスタイルを決定し、読者の受ける印象を左右する。したがって、話法の翻訳はテクストの印象を形作る重要な要素になる。これが話法に留意しながら翻訳を論じる第一の理由である。

　次に第二の理由を述べたい。翻訳の起源は、はるか紀元前3千年のエジプトに遡ると言われている。この翻訳の長い歴史の中で、文学者や哲学者がそれぞれの専門的立場から翻訳についての議論を盛んに戦わせてきたが、それらの議論が体系的な学問とし

て、多様化した今日の翻訳の現象に対応できるかどうかは疑問である。翻訳研究には文学、言語学、心理学、文化人類学、コミュニケーション学など様々な領域からの知見が必要であるということは、認識されてきた。しかし翻訳はほとんどがパロールの学問であるという理由から、個々のケースごとにしか論じることはできず、一般化はできないとする意見も強い。実際翻訳に関する書物も、言語や文化の違いが表れている箇所の羅列に終始して、統一した翻訳理論の展開が見られず、誤訳指摘や翻訳指南を行う傾向のものが多い。そのため翻訳の質は翻訳者の個人的能力や嗜好に帰するとして、翻訳理論が顧みられないことも多々あった。

　このように、翻訳を体系的な学問として論じるには、いつも困難がつきまとう。まずは翻訳をどのように捉えるかが明確でなければ、翻訳理論も明確ではあり得ないだろう。本書では翻訳を異文化コミュニケーションと捉える。あらゆる人間の行為と同じように、翻訳の行為にも目的（スコポス）と結果（産物としての翻訳）がある。したがって、翻訳の目的や果たすべき機能によって、翻訳の方法や方略は異なる。このようなコミュニケーション的・機能的（communicative/functional）アプローチを取る翻訳の捉え方を、機能主義的翻訳理論と呼ぶ。

　翻訳行為の過程で、表現の色づけには翻訳者の嗜好によって変化が見られる。しかしそのテクスト全体、あるいはディスコースや語句に課せられた機能を考えると、翻訳者はある程度の制約のもとで、ディスコースの展開様式や訳語選択を決定しなければならない。異言語の壁に対峙したときに多くの翻訳者がとる方法に類似した特徴があり、それが翻訳者の技量や嗜好を越えて言語構造の差異によるものであると説明できれば、翻訳の方法や効果について、より高い一般性を示すことができよう。

本書は日英間翻訳について論じるが、話法はまさに両言語の差異が現れる領域である。翻訳を話法のコミュニケーション行為を通して見つめることにより、日英の言語構造の違いが、それぞれのテクスト内の話法表現にどのような制約を課し、それがテクスト全体にどのような影響を与えているかを明示的に浮かび上がらせることができる。

　話法には時制、人称、直示表現、心的態度を表すモダリティ表現等が関わる。これらの諸要素は日英間で構造上の差異が大きいため、話法表現を比較すると日英間の言語的差異が際立って現れる。したがって話法表現に注目しながら同じ内容を表す日英のディスコース、つまり ST（Source Text：起点テクスト）と TT（Target Text：目標テクスト）を対照分析（日英対照談話分析）することによって、種々の話法表現の言語的特質と、ディスコース内でそれらが果たす機能との一般的な結び付きを見出すことができる。そのためには、翻訳理論以外にも、日英語の話法研究、ナラティヴ構造や文体理論、談話研究における様々な知見を活用する。ドイツやイギリスのように伝統的に翻訳研究が盛んな国では、記述的な翻訳研究も多く見られるが、ほとんどが印欧語族間の翻訳事例を扱っている。本書では日英の話法表現を比較することによって、その構造の違いが翻訳にどのような制約を与え、それがテクスト全体にどのような影響を及ぼしているか、具体的に検証する。

　翻訳による印象の違いという問題は抽象的で捉えにくいが、上述のように、まずナレーションの話法表現が、テクストの印象を大きく左右することを確認し、さらに話法という枠組みを通してテクストを分析することによって、言語構造の差異から明示的に捉えることができる。

最後に第三の理由を述べたい。翻訳行為と話法伝達のメカニズムが非常に類似している点に着目すると、コミュニケーションという、より広い視座から翻訳行為を眺めることができるからである。伝達者の意図が伝達の仕方を決定し、そのためにどのような効果が生じるかを、翻訳のコミュニケーションにも当てはめて、翻訳と話法のコミュニケーションプロセスを比較対照すると、翻訳の作品を読むだけでは分かりにくいコミュニケーションとしての側面が浮かび上がるだろう。翻訳の異文化コミュニケーションは原著者から翻訳者へ、翻訳者からTT読者へ、という二段階のプロセスを経る。これを簡単に図示すると下のような関係になる。

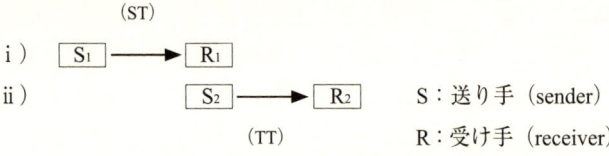

図1. 翻訳と話法のコミュニケーションプロセス

ⅰ）のコミュニケーション回路では送り手（原著者）であるS_1から受容者（翻訳者）であるR_1にメッセージ（ST）が伝達され、次にR_1がそれを解釈した後ⅱ）の回路で新たな送り手S_2となり、異言語に変換して作成したメッセージ（TT）を受容者（TT読者）R_2に伝達する。次にS_1を元話者（original speaker）、S_2（=R_1）を伝達者、R_2を聞き手とすると、話法のプロセスが説明できる。つまり翻訳も話法も翻訳者／伝達者（$S_2=R_1$）を仲介者とした二段階のコミュニケーションプロセスを持つことが確認できるのである。翻訳も話法もこの二段階のコミュニケーションという特徴

ゆえに様々な制約を受け、また仲介者となる翻訳者（伝達者）の意図や解釈が反映される。以上、ナレーションの話法表現による印象の違い、話法の言語的特質と機能、コミュニケーションとしてのメカニズム、という三つの観点に立って、翻訳と話法の関係や、話法の翻訳を通して翻訳を論じる。

2. 分析のアプローチ

　当節では、STとTTの分析を行うに当たって必要な基礎概念について、簡単に述べたい。

2.1　談話分析

　本書では日英の小説を題材に対照談話分析を行い、それぞれのテクストが日英双方の文化・社会的コンテクストの中でどのような解釈をされ、どのような機能を果たすのかを考察するので、ここで行う談話分析はテクスト分析という意味合いも含んでいる。口頭のものを談話、書面で書かれたものをテクストと区別する場合もあるが、ここではそのような区別は行わない。事例研究で分析する例文をST／TTのようにテクストと呼ぶが、それについての分析は談話分析といい、談話とテクストにはっきりとした線引きは行わない。また原著や翻訳作品全体のこともテクストと呼ぶ。また分析に際し、コンテクストの影響を考慮に入れるため、例文の提示はできる限り範囲を広くし、必要な場合は説明を入れる。

　昨今は翻訳においても社会・文化的に異なった受容状況の中で機能を発揮することが重要視され、談話分析によって様々な社会

的文脈と結びついた多様な談話が研究されている。本書の事例研究の目的は小説内の話法表現を比較して、小説全体の印象や表現効果の違いを分析することにある。従って下に挙げるような、話法表現に関係する表現や構造に着目して、それらがどのような談話機能を果たし、読者とどのようなコミュニケーションを築いているか考察していく。

- 個人の態度や感情を表す表現（日本語の終助詞「ね、よ、わ、な」、助動詞「です、ます」）
- 英語の呼びかけ語（address term）、談話標識（discourse marker）、ヘッジ（hedge word・垣根言葉）、付加疑問、法助動詞
- 認識様態的副詞
- 時制と人称
- 伝達動詞、思考・知覚動詞
- 語順や態の入れ替え

2.2 異化・同化

本研究で取り上げるデータは現代小説であり、STとTTの機能は文学鑑賞という点においてはほぼ同じとみられよう。しかしTT読者に何をどう伝えたいかという問題は個々のテクスト固有のものであり、翻訳者の意図によって決定される。翻訳において、異文化・異言語間の差異をどのように受けとめ表現するかという選択・決定は、翻訳者に委ねられる。そのさいに、できるだけ異文化の痕跡を残してその差異を際立たせようとする、原著寄りのアプローチを異化（foreignization）と呼び、反対に目標言語（TL）の文化規範や慣習に従って、翻訳作品を読む読者が自国語で書か

れた作品のように自然に読めるようにする、訳文読者寄りのアプローチを同化（domestication）と呼ぶ。翻訳者が異化・同化のうちどちらのストラテジーをとって翻訳に取り組んでいるか、或いは特定の様式や語句を使用したため異化・同化どちらの効果が生じているか、という観点も本書の分析に取り入れている。

　使用説明書など技術翻訳や法律関係のテクストは、迅速な意味理解を保証することが優先され、その文化の慣習的規範に従って訳す必要があるので、同化が適切なストラテジーとなる。一方文学翻訳では、テクスト選択や訳し方に関して、TL の文化状況に制約を受けるものの、必ずしも規範や慣習に従わず自由な試みが許容されるので、異化・同化のストラテジーが議論される余地が大きい。翻訳の良し悪しは、訳者の語学力、背景知識や感性など個人的資質に負うものであるとして翻訳理論を顧みない風潮もあるが、翻訳者がどういう目的を持って翻訳に挑んだか、ストラテジー選択を決定させた制約は何であり、それがどういう効果を生んでいるのか、という意識を持って分析にあたれば、多くの翻訳者が異文化と向き合う際に取る方法が自ずと見えてくるのである。

2.3　データ：日英の小説から

　小説の中の感情表現は自然な口頭の発話における表現とは異なっている。小説のような書記言語は周到に準備されたものであり、長い文章の中に多くの情報がはいっていても、首尾一貫性がある。口頭の自然発話は全般的に短く区切られており、言い淀みや間違い、省略、繰り返しが多いとされる（Ochs, 1979; Chafe, 1982, 1986; Clancy, 1982; Tannen, 1982）。小説にも登場人物の声が話し言葉として含まれることがある。それは作者によって練り上

げられたものではあるが、話し言葉としての特徴を踏まえ、話し手らしさをできるだけ表すように提示されている。一方、地の文は原則的に書き言葉で表され、状況や思考内容を結束性のある表現で整然と表すので、登場人物の話し言葉とは区別が付けられる。この地の文の中に、話し言葉の特徴を備えた文が入れ込まれると、そこから読者は登場人物や語り手と対話をしているように読みを進めるだろう。本研究でいう「感情表現」とは、このように語り手が自身の心的態度や、登場人物の発話や思考をどのように伝えるのかという、発話／表現態度に関わる表現をいう。

　考察の対象とするデータについては巻末に明示するが、日本語のSTとその英語版TT、反対に英語のSTとその日本語版TTの計40冊である。一つのSTに対して複数のTTが入手可能なものについては、TT間の比較検討も行った。翻訳者の個人的癖や資質ということを考えれば、複数の翻訳者によるTTを分析するのが適切であるが、版権の問題で複数の翻訳がある現代小説は多くない。そのため、分析に際して、翻訳者個人の資質ではなく、日英の言語的特質から表現の差異が生じたことが確認できるように考察した。テクスト選定に際しては、想定読者の年齢層は男女を問わず、一般成人、青少年、児童と幅広い範囲に渡るよう考慮し、語り手に関しては1人称、3人称の語りによるものを取り混ぜている。話し言葉の要素が地の文の文脈に見出せそうな小説、あるいはそういう話し言葉が入り込まないような小説の両方を取り上げ、小説の内容も偏りがないよう配慮した。しかしここで全ての種類の小説を網羅したわけではないので、これだけの材料で小説全般について、まして日英語全般について語ることはできない。

3. 本書の構成

　まず第2章で翻訳の理論的背景について述べる。翻訳を歴史的に概観し、異化・同化の概念を説明する。翻訳するテクストの種類が多岐に渡ってきた現代において、どのように翻訳を捉えるべきかを考え、TT にどのような機能を持たせるか、TT 読者とどのようなコミュニケーションを行うかということに焦点を当てた機能主義的翻訳理論について論じる。

　第3章では翻訳のコミュニケーションプロセスを話法伝達と比較して、そのメカニズムを検討し、ST／元発話が変容して伝達される場合と変容しないで伝達される場合に分けて、小説や口頭の発話の例を分析する。それぞれの例で、変容・非変容の現象を決定するものが何なのかを解明する。これは異化・同化のストラテジー決定の言語学的基盤となるものである。既に本章で話法と翻訳それぞれの具体例を分析したが、次章において話法について詳しく述べる。

　第4章では日英の話法研究を概観し、本書で扱う話法という概念について述べる。本書では話法を文法的・統語論的側面よりもむしろ、機能的・語用論的側面に重点をおいて眺める。その際、英語の話法と日本語の話法の違いについても確認が必要である。最近では広い分野から話法についての興味深い研究が行われており、カテゴリーの名称も定義も様々である。本書では小説の中に現れる話法と翻訳について論じるので、語り手による語りと、その中で登場人物の発話や思考がどのように表現されているかに注目したい。この点で、本書でいう話法とは、思考の描写も含めた広義の解釈をとる。また読者が読みの過程で復元する「声」の問題も話法と切り離せないテーマである。

続く三つの章で、第2・3・4章で述べた理論に則って、小説の話法翻訳の具体的事例を分析していく。

　第5章では、英語の小説内の種々の話法表現が日本語に翻訳される際、話法の変容に異化・同化の基準を当てはめて、日英間の話法表現の差異の傾向を確認する。さらに翻訳調や読みやすさといった問題に対して、話法の翻訳が与える影響を考察する。この章は小説の翻訳において、印象や表現効果を変えてしまう大きな原因が話法翻訳にあることを示唆する初めの一歩となる。

　第6章では第5章の分析を発展させ、小説の地の文を中心に語り手の発話態度に関する言語表現の日英の差異を分析し、そのために読者の受ける印象がどのように変わるかを考察する。日本の小説が英訳された場合、情意が欠落すると指摘されることがある。もしそれが本当なら、何が原因と考えられるだろうか？　また、英語小説を読む読者は、語り手や登場人物の気分や気質をあまり味わうことがないのだろうか？

　初めの疑問に答えるべく、第6章では発話者の気質とともに、対人関係や発話の場によって調整される態度を表す非指示的な標識の出現の仕方や頻度を、日英の例文で比較対照し、そのために小説のナレーションにどのような違いが生じるのか、小説の表現効果にどのような影響を与えるのかを論じる。

　第7章では上に挙げた二つ目の疑問を検討する。第5・6章では話法の間接性─直接性という二項対立的な基準をもとにしていたが、7章では自由間接話法に焦点を当て、「視点」やパスカル(Pascal, 1977)の「二重の声」、バフチンの「ポリフォニー（複旋律性、多声性)」などの概念を用いて分析に当たる。その結果、英語・日本語それぞれの言語的特質を生かした小説のレトリック効果が明らかになるであろう。また自由間接話法の日本語訳の問

題に関しても述べる。

　最後に第8章で、これらの分析を通して確認された日本語の対人的機能を担う表現の豊かさは、日本人の直接体験的な話法表現への志向へと繋がり、主観的・情意的な文体を作る要素の一つとなっていることや、物語構造と語り手の役割における日英間の相違について触れ、目的に即した翻訳の方法について論じる。

　さらに英語教育への提言として、本書で検討した機能主義的翻訳の実践を、大学の英語講読の授業に応用して英語力を高める方法についてコラム形式で紹介したい。

注

（1）Owen 訳は下記の通りである。

　Disillusion, disappointment, chagrin – all of these and more pressed in upon her. The rosy dreams she had secretly been harbouring for three weeks, all collapsed. Her cheeks twitched in something between resentment and anger. It was all Takamori's fault, everything . . .

第2章

翻訳の理論的背景

1. 異化・同化のストラテジー

1.1 原文への忠実さか自然な読みやすさか

　原作の異質性を反映すべきか、自国の作品のように読みやすく訳すべきか、という問題は翻訳史上常に論議されてきた。例えば聖書翻訳は紀元前3世紀に始まったが、4世紀末にヒエロニムスのラテン語聖書ヴルガタが登場するまで、神の神聖な言葉はできるだけ忠実に直訳されるべきものとされ、その訳文は非常に理解しにくいものであった。しかし聖書翻訳以外の領域では、古代ローマ時代のホラチウスやプロペチウスのようなラテン詩人が、読者を効果的に説得する自由な訳を提唱した。彼らはギリシャ文化の痕跡をローマのものに置き換え、あたかも初めからラテン語で書かれたテクストであるかのように訳したので、ニーチェ（Nietzsche, 1882: 262）は「翻訳は征服の一形態であった」と批判している。このような翻訳の方式は近代初期のフランスで著しく、美文で読みやすいが原作に忠実でない翻訳を評して「不実の美女」という表現が生まれた[1]。日本においては明治期、二葉亭四迷がツルゲーネフ（Turgenev, 1881）の『あひびき』を翻訳した際、コンマやピリオドの数までこだわって原文の形式を忠実に再生しようとしている[2]。詩の分野では、1882年に西欧詩の様式、韻律、リズム等をそのまま取り入れようとした『新体詩

抄』が出版され、芸術性や詩の感興に乏しいと非難を浴びるが、結果的には日本の近代詩の母体となった[3]。反対に森鷗外、坪内逍遥、上田敏らは伝統的な日本語の美しさを壊さず、読みやすい自然な日本語を用いて、原作の内容や雰囲気を伝える意訳を行い、広い読者層に外国文学を広めた。

1.2 シュライアーマハーの異化・同化

　西欧でも日本でも常に議論されてきたこの相反する二つの方向を、シュライアーマハー（Schleiermacher, 1813）は、「（翻訳には）二つの方法しかない。翻訳者は原著者をできるだけそっとしておいて、読者を原著者の方へ動かすのか、あるいは読者をできるだけそっとしておいて、原著者を読者の方へ動かすのか、そのどちらかである」とし、翻訳についての問題はこの二つの方法に還元できると述べている。後の研究者達は、前者の原著者寄りアプローチを異化、後者のTT読者寄りアプローチを同化と呼んでこの概念に言及した。シュライアーマハーは、翻訳の目標は読者が完全に外国の魂の息遣いを感じることにあるのだから、前者が取られるべきであるとした。

　翻訳とは別の方法として、シュライアーマハーは、パラフレーズと翻案を挙げている。シュライアーマハーによれば、パラフレーズは二つの言葉の諸要素を数学記号のように置き換えるもので、注釈に近いものもある。この方法では印象を捨て去ることになるので、芸術作品には向かず、主に学問領域で用いられる。反対に翻案は演劇翻訳など美的芸術の領域で多く用いられており、個々の部分はオリジナルの部分と違っていても、その働きという点で、もとの全体像にかなり近い模像を組み立てるものをいう。

　シュライアーマハーはこの二つの方法と翻訳との間には一線を

画すべきだと見ているが、これらは同化の極端な方法とも考えられる。パラフレーズという言葉は日常語としても用いられるように、文の意味を変えることなく言い換えることを指し、翻訳研究では17世紀にドライデン（John Dryden）が翻訳を、①メタフレーズ（逐語訳）、②パラフレーズ（意訳）、③イミテーション（模造翻訳）と3分類したことがよく知られている[4]。翻案については現代でも翻訳とは考えないという見解が優勢であるが、この概念に明確な定義はない[5]。また20世紀に入って科学・技術・商業の分野での翻訳が増えるにつれ、効率よく分かりやすい翻訳が求められると、テクストをリライトすることも含めた翻案という形態へのニーズが高まっていることも否定できない。

　ドイツロマン主義時代の神学者であり哲学者でもあったシュライアーマハーが、翻訳の対象として捉えていたものは主に聖書や哲学書やギリシャ・ローマの古典名作であった。当時ドイツ文化はフランスの影響下にあったため、そのような中でフランス語の影響を受けていない古典名作を異化翻訳することは、ドイツ語を豊かにし、異質なものに接してドイツ国民の考え方を刷新すると考えられた。この翻訳受容状況が現代とは大きく異なっている点は、留意されなければならないだろう。

1.3 ヴェヌーティの異化・同化

　現在、訳文至上主義的な傾向の強いアメリカで、言語学や翻訳研究並びにイタリア語からの文学翻訳を行っている[6]ヴェヌーティ（Venuti, 1992. 1995a, b）は、主に外国文学がアメリカ人読者のために英語に翻訳される場合、支配的規範であるアングロアメリカンの文化に抵抗し、非主流文化の独自性を守るという姿勢をとっている。ヴェヌーティは異化・同化を二つの対立した翻訳

のストラテジーと明示し、TL文化の支配的な価値に順応させるものを同化、支配的な価値に抵抗し新しい価値（例えば新しい文化の形）を作り上げるものを異化とした。さらに同化翻訳を、国内の規範や出版の傾向、政治的照準（目標）を支持し、自民族中心主義（ethnocentrism）を促進するものとして非難している。彼は基本的にはシュライアーマハーの理論を踏襲したが、翻訳法だけでなく、翻訳される外国テクストを選択することもストラテジーと考えた。従って、TTのページのデザインやカバーの絵、宣伝文句、批評家の意見、文化・社会的機関でそのテクストがどのように使用されるか、といった受容環境もストラテジーに深く関わってくる。シュライアーマハーの時代と比較すると、翻訳するテクストの種類が多岐に渡り、対象読者の層も拡がったことから、ストラテジーの適用範囲を拡げることは、翻訳の諸問題を考えるに当たって妥当と考えられる。

　ヴェヌーティはあらゆる種類のフィクション（長編、短編、写実派、ファンタジー、詩的、哲学的、政治的、心理学的）から、もっとも英語に多く翻訳されているヨーロッパとラテンアメリカの作品をピックアップして[7]、その作品についての、アメリカとイギリスの新聞や文学雑誌、大衆誌等の短い翻訳書評を調べた結果、批評家（作家も含む）は流暢さ（fluency）という基準にのみ焦点を当てて、翻訳の価値を判断していると報告した。流暢（fluent）で自然（natural）に読める翻訳とは、あたかも翻訳されていないかのように読める、翻訳者の姿が見えない（invisible）もので、それが良い翻訳とされる。一方、読者が翻訳であると意識するものは、翻訳調（translatese, translationese）として悪い翻訳と評されるという。書評によって良い翻訳とされた同化的なテクストは実際にTL読者にとって読みやすいので、出版業界の利

潤追求と結びつき経済的ヘゲモニーを構成してきたとヴェヌーティは指摘している。

　ヴェヌーティの異化・同化の概念はシュライアーマハーの定義と、次の点で大きな相違を見る。ヴェヌーティの主張では、何を異化と見て何を同化と見るかは、翻訳が作成され消費される社会・文化状況との有機的な関連によってのみ決めることができる。つまり、TT が ST にどれだけ類似しているかを言語形式の上で見比べるのではなく、それぞれの文化でどのように機能するかという問題が重要となるのだ。例えばヴィクトリア朝時代に、ホメロスによるギリシャの叙事詩『イリアス』をフランシス・ニューマン（Francis Newman）が翻訳したものに対して、マシュー・アーノルド（Matthew Arnold）がオクスフォード大学の講演で批判したが、ヴェヌーティはそれを次のように解説している。当時古典の翻訳といえば、古典学者のいる大学の文学的価値観が支配的規範であり、アーノルドは古典学者を満足させるような翻訳を旨とした。従って文体に関しても、当時ギリシャ語テクストが学術界で受容されていたように現代英語で 6 歩格に訳されるべきだとして、古風な文体を使用したニューマンの翻訳を批判した。一方ニューマンは一般大衆に広く読まれていた歴史小説から語彙を選択し、ホメロスの詩を古典学者などエリート向けとしてではなく、一般大衆向けに提示した。ヴェヌーティによれば、ニューマンが専門家でも、学術界の人でもなく、様々な社会的グループから成る読者に向けて翻訳したところが異化であった。他方、アーノルドはホメロスの詩を大学のような権威のある文化的施設の中の文学的価値観に合わせ、エリート主義的である点で同化であったということになる（Venuti, 1998: 240-244）。

　シュライアーマハーが異化翻訳を推奨したのは、聖書やギリシ

ャ・ローマの古典である。当時のドイツでの口語体から逸脱した難解な表現を理解できるのは、起点言語（source language: SL）やその文化についての背景知識を持つ教養のあるエリート層であった。ヴェヌーティはこれをエリート主義（elitism）として攻撃し、社会・文化的規範であれ、国粋主義であれ、資本主義であれ、現行の支配的価値規範に抵抗するのが、異化ストラテジーであり、それを一部エリートではなく、一般大衆に開放せねばならないと述べている。ヴェヌーティにとって異化とは、TL 文化の価値観からはずれることによって、言語的・文化的異質性を残そうとすることであるが、教養のある知識層にだけ読まれるべきものでは断じてない。

　このようにヴェヌーティは TL 文化の価値の序列が変化していくことから、それとの関連においてのみ、異化・同化を見極めることができることを認識している。ヴェヌーティの主張通り、翻訳のストラテジーを決定するには、その時の TL 社会のコンテクストを把握し、TT がその社会の中でどのような機能を果たすことを目的としているかを考えなければならない。したがって次節では翻訳を機能的観点から論じる。ヴェヌーティは「英語での異化翻訳は、民主主義的、地政学的関連のために、自民族中心主義や人種差別、それに文化的ナルシシズムと帝国主義への抵抗の形となり得る」（Venuti, 1995a: 20）と述べているが、それはあくまでも非主流文化の ST を主流文化の言語に翻訳する状況での主張である。ハティムとメイスンも指摘しているように、主流文化の ST を周辺的 TL に翻訳する場合には、周辺的文化が強大な文化の傾向に飲み込まれるのを、反対に同化翻訳が防ぐことになろう（Hatim and Mason, 1997: 145-6）。

　つまりヴェヌーティの言う「文化的帝国主義」を擁護するの

か、それに対して抵抗するのか、というイデオロギーに結びつくのは、異化・同化のストラテジーそのもの自体ではなく、翻訳者によるイデオロギーの選択である。西洋のジャーナリズムでは、イデオロギーという用語で、据えられた規範から逸脱したもの、例えばコミュニズム、ファシズム、アナーキズムを指すことが多かった。同様に、ある政治的な動きや手段をイデオロギーと結びつけることも多かった。しかし言語学的には、イデオロギーとは社会集団によって共有される想定、信念、価値体系を指し、全ての言語の使用は使用者の態度や信念や価値体系と密接に関連した想定を反映するので、ディスコースはイデオロギーが含意され、再生産される場であると言うことができる。ジョンストンも述べているように、人が話したり書いたりする時、その人の言語知識や、その人が経験してきた世界についての知識がディスコースに影響を与える。その人の話し方や書き方が考え方を（再）生産し、考え方は文法・文体・語法など言語の持つ全ての側面によって操作される（Johnstone, 2002: 45）。このように考えれば、作家が小説を執筆する際には、物語の筋だけでなく、一つ一つの言葉使いや文構造にも周到な配慮がなされていることが推察される。その作品を翻訳するに当たって、どの情報をどのように伝えるかという選択は、どの情報をどのように解釈するか、つまり世界をどう分節して説明するかという選択である。つまり、翻訳者による語彙や文法の選択が、語り手の世界観、登場人物の性別、態度、社会階層や地位等を暗示し、TL文化内でTTをどのように機能させるかの選択と直結する。どの選択をすれば世界をどのように見るのに効果的か、という認識論的な問題が常に含まれるという意味において、選択はストラテジーであり、イデオロギーを暗示するものである。

シュライアーマハーはドイツロマン主義の時代における、哲学、聖書、古典名作のドイツ語への翻訳を主たる対象として異化・同化を論じた。同じ問題をヴェヌーティは、現代アメリカのアングロサクソン文化に他言語・他文化の作品をどのように紹介すべきかという観点で論じている。本著の事例報告は日英間翻訳を対象にするので、彼等の主張をそのまま持ち込むことはできない。シュライアーマハーやヴェヌーティを含め、多くの翻訳研究者が異化・同化の機軸としている「原著者寄りで異質性を感じるか、訳文読者寄りで自然に読めるか」を大原則とし、それ以上の点については日英両言語の社会・文化的コンテクストとの関連において、異化・同化を検討する。しかし本書では異化・同化そのものや、どちらが優れたストラテジーであるかを論じることが目的ではなく、機能的観点から見てその翻訳が異化／同化効果を発揮しているか、そのためにどのような方法、どのような訳語選択や文法構造がとられているかを問題にする。またテクスト全体で異化・同化のどちらのストラテジーが使われているかということよりも、もっと詳細に語彙、文化的価値観（イデオロギー）、文法構造等様々な側面においてどういうストラテジーが使われ、それがどういう機能に結びついているかを分析して考察を加えることが肝要と考える[8]。

2. 機能主義的翻訳理論

2.1 コミュニケーション的・機能的アプローチ

　機能主義的翻訳理論では、コミュニケーション的・機能的アプローチをとる。すなわち、翻訳をコミュニケーション行為と捉

え、機能的構文論やテクスト言語学、語用論などの成果を適用し、現実世界の状況に則した要因が意味や意味解釈の主要決定要因となるとして、コンテクストにおける機能という観点から翻訳を考える。

メイスンは翻訳者のコミュニケーション能力には次の4つがあるとしている（Mason, 1998: 31）。

① 文法能力：一言語の受信能力と別言語の発信能力
② 社会言語能力：発話がコンテクストに照らしてどれだけ適切かを、参与者の地位、相互作用の目的・規範・慣習などの要因から判断する能力
③ 談話能力：様々なジャンルや談話において、結束性と首尾一貫性を備えたテクストを理解し、作成する能力
④ 方略能力：コミュニケーションの破綻を見越して修正し、STの作成者とTTの受け手の間のコミュニケーションをうまく成立させる能力

コミュニケーション機能と同時に、翻訳には言語機能が影響を及ぼす。言語機能の分類には様々な試みがあるが、なかでもビューラー、ヤコブソンとハリデーの分類が有力であろう（Schäffner, 2009: 116）。ビューラーは叙述機能（対象物や現象の叙述）、表出機能（現象に対する送り手の態度）、そして訴え機能（受け手へのアピール）というオルガノンモデルを提唱した。この3つの機能はヤコブソンの指示（referential）機能、表出（expressive）機能、訴え（conative）機能にほぼ対応する。しかしヤコブソンは交感（phatic：社会的関係を結ぶ、または維持するための言語使用）機能、メタ言語（metalingual：言語について語る言語使用）

機能、詩的（poetic：日常言語に相対して、創造的な意味変換や韻、リズムなどを持つ言語使用）機能を追加して6機能とした。ハリデーの分類は、観念形成的（ideational：経験の叙述）、対人的（interpersonal：話者の態度表現）、テクスト的（textual：言語の内部構成や、テクスト内あるいはテクストと場面の脈絡との間に結びつきが確立される言語手段）の3つである。これら3人の分類法の間にはある程度の共通見解がみられる。

これらの分類を基に翻訳研究の取り組みが様々になされている。例えばライスはビューラーの言語の3機能を基に、それぞれに対応する3つのテクストタイプ（情報型、表現型、効力型）を考案し、翻訳批評に応用した（藤濤, 2007 参照）。さらに、コミュニケーション機能や言語機能に照らしてテクストを分析することで、具体的で理論的な訳文分析や評価が可能となろう。

本章の最後の節で、機能主義的翻訳理論の代表とされるフェアメーアのスコポス理論について述べるが、その前に最近まで翻訳理論の基礎概念であるとされてきた等価理論に触れた上で、機能主義的翻訳理論の概念を説明する。

2.2 等価理論の問題点

等価理論はTTがSTとどのような関係を結んでいるか、どれほど忠実な類似関係にあるかということを最重要視する。つまり絶対視されたSTを基本に置く考え方である。忠実な翻訳というとき、それはSTの何に対して忠実なのか、という疑問が生じるように、翻訳の等価（equivalence）について論じる際にも、STとTTのどの側面での等価要求が満たされるべきかが問題になり、多くの学者がそれぞれ異なった等価枠を設けたため[9]、グットは等価概念を理論として一般化することはできないと述べている

（Gutt, 1991）。等価理論の中でもナイダは語彙形式の対応よりも、TT 読者のコンテクストに即した受容者寄りの動的等価（dynamic equivalence）を唱えた。これは TT 読者の反応が ST を読んだ時の ST 読者の反応に等しくなるように、効果の一致を求めたものである（Nida, 1964）。ナイダは聖書普及協会の翻訳委員長として、伝道の目的に当たったので、TL 文化のコミュニケーション状況に合わせて、TT 読者の読みやすさを優先させた。

　ベーカー（Baker, 1992）も、等価を語彙レベル（equivalence at word level）、語彙以上のレベル（equivalence above word level: collocation [10], idioms and fixed expressions）、文法（grammatical equivalence）、テクスト（textual equivalence: thematic and information structures, cohesion [11]）、語用論（pragmatic equivalence: coherence [12], implicature [13]）と様々なレベルに分類したが、ベーカー自身、「等価という用語を採用するのは、その理論的価値を認めるからではなく、多くの翻訳家が等価概念に慣れ親しんでおり、便利であるから」（*ibid.*: 5-6）と述べている。さらに「翻訳者にとっての究極の目的は、ほとんどの場合、語句よりもテクストレベルでの等価を達成することである」（*ibid.*: 112）とし、TT がそれ自体一編の作品として受け入れられることが望ましいとした。そのために翻訳者は ST のテクスト構成の特徴を TL の談話構成にかなったやり方で調整する必要があるが、最終的にはテクスト内だけではなくテクスト外でも、発話がコミュニケーション状況の中でどのように使用され、また聞き手がそれをコンテクストに応じてどのように解釈するのかという語用論上の問題に挑むことになると述べている。

　語用論的な翻訳アプローチは、ベーカーの挙げている一貫性、含意の他にも、口調やポライトネス、レジスター（言語使用

域)⁽¹⁴⁾など言語が指標する社会的意味を翻訳の問題として取り上げる。異文化間コミュニケーションでは言語の指示的・論理的な意味よりも、様々な社会的意味の違いが深刻な結果を産むことが多い。1970年の日米繊維交渉で当時の総理であった佐藤栄作が、具体的な策を講じる意志はないものの、会話を打ち切るポライトネスの方式として「善処します」と答えた。その発言が字義通り、"I'll handle it as well as I can"のように訳され、当時の米大統領ニクソン側は問題解決の約束と受け取ったため誤解が生じ、いわゆるニクソンショックにつながったという事実は広く知られるところである。このように文化・社会的要因を抜きにして、翻訳を考えることはできない。

等価理論を論じている研究者たちの間でも、語句や文の形式的等価を求めるよりも、ディスコースやテクスト全体、あるいは機能の等価を求めるといったように、等価の枠組みが広くとられる傾向になっている。しかしSTの機能とTTの機能が異なる場合には、機能等価という枠組みでも翻訳を説明できなくなってしまう。

例えばスイフト (Swift, 1726) の『ガリバー旅行記』は、風刺的架空旅行文学が流行していた時代に執筆され、主人公の異国への冒険を通して人間の欠点やおろかさを描き、人間の本質を追及する風刺小説であった。第1編では当時のイギリス政府の奴隷制度や植民地主義への皮肉をこめ、その他の編でも近代科学やテクノロジーで全てを解決しようとする啓蒙思想を批判している。ガリバーが訪れる国の内、唯一実在の国である日本に対しての記述は、東洋への憧れや当時のイギリスとオランダの政治的利害関係を反映していると考えられる (富山, 2000)。このSTを現代の日本人読者のために翻訳する場合、多くの点で原著の意図やST読

者に与えた効果の等価を求めることは意味をなさない。とりわけ、これを児童書として翻訳する場合はテクストとしての機能の違いがより顕著であり、STの風刺小説としての機能は影を潜め、奇抜な発想が面白く、楽しく読める冒険物語としての機能が優先されるだろう。ST作成のコンテクストとTT作成のコンテクストの隔たりを考慮すれば、原著の持つ様々な側面の全てを等価に写し取ることは不可能であり、STへの等価という固定した基準で翻訳を捉えるのは不適切なことが分かる。

このように、等価理論では翻訳プロセスとTTの言語構造を決定するのは、STやST受容者への影響や、原著者が意図した機能であったのに対し、機能主義的翻訳理論ではそれらを決定するのは、前向き（TT寄り）の機能、つまりTTの目的である。関連性理論の観点から、翻訳をコミュニケーションの一例と捉えるグットの理論は、本書での翻訳の捉え方と共通点も多いので、次節でその説明をしたい。

2.3 関連性理論の観点から

まず関連性理論について、簡単に説明しておこう。スペルベルとウィルソンによれば、コミュニケーションの成功は、伝達者と受け手の双方が最適の関連性（optimal relevance）を追及することにあるという。最適な関連性とは次の二つの原則に基づいている。①意図明示的刺激（ostensive stimuli）は受け手がそれを処理する労力に値するだけの関連性がある。②意図明示的刺激は、伝達者の能力と優先事項に合致する最も関連性のあるものである（Sperber & Wilson, 1995: 270）。この意図明示的刺激とは、伝達者と受け手が相互に情報意図を顕在化するのに使われる刺激を指し、受け手は伝達者の意図に集中するような注意を引き起こされ

ねばならない。そしてこの原則は人間の認知が関連性を指向するようにできているという関連性の原則に支えられている。従って受け手は最適の関連性を求める事によって、送り手の意図したコンテクストや送り手の意図した解釈にたどり着くことになる。

グット（Gutt, 1991: 100-121）は関連性理論の立場から、等価や忠実性よりも明確に規定される解釈的類似（interpretive resemblance）という概念で翻訳を説明できるとした[15]。あらゆる言語使用は描写的用法（descriptive use）と解釈的用法（interpretive use）とに区別できる（Sperber and Wilson, 1995: 226）。描写的用法とは「今、雨が降っている」のように、物事の状況が真であることを伝えるものであり、解釈的用法は誰かが言ったり思ったりしたことを伝えるものである。同言語内の話法の伝達も、異言語間の翻訳も、この解釈的用法で説明でき、オリジナルとその表示との間には解釈的類似がなければならない。解釈的類似とはコミュニケーションの受け手にとって、最適の関連性を持つような類似であり、つまり余計な処理労力を課さずに十分な認知効果を与えるものである。解釈的類似は、二つのテクスト間の表意（explicature）[16]と推意（implicature）の共有であると定義され、その共有の度合いは0から完全共有までのクライン（段階的に変化する連続体）である（Gutt, 1998）。

グットはイタチが川辺で遊んでいる様子を綴ったモルゲンシュテルン（Morgenstern）による詩の種々の英訳を例に引き、ST・TT間の解釈的類似を説明している（Gutt, 1991: 106-113）。

[ST]　　　　　　　　　　　[TT1]
Ein Wiesel　　　　　　　　[A weasel
sass auf einem Kiesel　　　　sat on a pebble

inmitten Bachgeriesel   in the midst of a ripple of a brook]
(レヴィによる逐語訳)

　STの詩の特徴として次の3点が挙げられる。①STは言葉遊びを構成しており、語呂合わせの楽しさがある。②STは各行で脚韻し、そのリズムがイタチの動きを感じさせる。③イタチが川辺の小石で遊ぶ情景を描いている。この全ての特徴に類似性を持つTTが作成できないとき、どの特徴を最優先に移すかは、ST内の価値の序列で決められるのではなく、TT読者にとってどの特徴を移すのがもっとも関連性が高いかで決められる。まずTT1は、レヴィ（Levý）がドイツ語の分からない読者への語義説明のために、補助的な訳を付けたものである。脚韻を保持しようとしていないのは明らかであり、脚韻の持つリズムのおもしろさが、楽しげに遊ぶイタチの行動を描写している、という想定が最適の関連性であると見れば適切でない。しかし、ドイツ語の意味内容を理解できない読者が、意味論的に詩の意味を理解したいとするなら、大いに関連性があると言えよう。次に挙げるTTはいずれもナイト（Max Night）の訳であるが、一つ一つの語の意味よりも言葉遊びが重要であるとした訳者の想定がよく生かされている。

[ST]	[TT2]
Ein Wiesel	A weasel
sass auf einem Kiesel	perched on an easel
inmitten Bachgeriesel	within a patch of teasel
	[TT3]
	A mink
	sipping a drink

第2章　翻訳の理論的背景　　39

in a kitchen sink

　口ずさんでリズムの美しさ、言葉遊びのおもしろさを味わいたい読者にとっては、①、②の音韻的類似性を求めることが優先され、そのためにはTT2, TT 3 のようにイタチや川辺や小石を他の意味を表す語で充当することもあり得る。どちらもすばしこい小動物の行動を、楽しげな語呂合わせで表現したという点では類似している。TT3 では主体の小動物がイタチではなくミンクに変わっているという点で、イタチを期待してその姿の愛らしさを思い浮かべる読者にとっては認知効果を得られず関連性が低くなる。またTT2, TT3 は、リズミカルな語呂合わせの詩を楽しむというよりも、イタチの生態に興味を持つ読者には、関連性が低くなる。翻訳者は読者の認知環境に狙いを定めて、読者の関連性を最適にするような想定をたて、ST のどの側面を伝えるのか選択するわけである。

　関連性理論に沿って本章1節で述べた異化翻訳について説明すると、異化翻訳は多くの場合言語形式における類似性が優先的に選択されるので、TT 読者にとって異質で処理労力はかかるが、それに見合っただけの大きな、印象に残る認知効果を期待するものと言える。

　コミュニケーションで問題になるのは、送り手と受け手の持つコンテクストの違いである。第1章第1節で簡単に説明したように、翻訳のコミュニケーションは二段階のプロセスを経る。送り手である ST の著者は受け手である TT 読者と時空間を異にしていることが一般的であり、コミュニケーションの中間地点にいて媒介者となる翻訳者が、まず原著者のコンテクストを正しく想定して、原著者の意図を推論し、次に TT 読者のコンテクストを想

定した上でTT読者にとって関連性を持つような方法で伝達する。例えば、原著者と同じ前提を共有できるように、TT読者に背景知識を与えるなどして、原著者のコンテクストへの呼び出し可能性を高める方法である。しかしこの想定が間違っていれば、TT読者に何の認知効果も与えないか、誤った推論を行うように導いてしまう。関連性理論では、関連性の原則に則れば、翻訳は全て成功すると予測するのではなく、TT読者のコンテクストの想定が不正確であれば、翻訳もコミュニケーション全般も失敗に終わるだろうと説明する。このように翻訳のプロセスはコンテクストに依存した動的なものなので、STのどの側面にどれだけ等価かという基準で翻訳をとらえることは無意味である。

2.4 スコポス理論

　グットに先立ってフェアメーア（Vermeer, 1978）は等価理論を批判し、翻訳のプロセスを決定するのはTTのスコポス（目的）であるとするスコポス理論を唱えた。TTのスコポスは翻訳依頼者のニーズにより決まり、TT読者とその置かれた状況・文化背景に大いに制約を受ける。スコポス理論ではSTを生産者から受容者への一種の「情報提供」であると位置付ける。従って、翻訳はSLで提供された情報をTLでTL文化の構成員に提供するものと特徴付けられるのである。STの情報の中から何を選択するかは恣意的に行われるのではなく、スコポスに従って選択され、どのように翻訳するかというストラテジーもスコポスに応じて決められる。さらに二つの一般的規則として一貫性ルール（coherence rule）と忠実性ルール（fidelity rule）が挙げられる。一貫性ルールとはTTがTT読者の持つコンテクストの中で十分理解可能でなければならないというものである。忠実性ルールはTTとST

との関係がどれほど緊密であるかを指すが、最優先されるのはスコポスの原理であり、それとテクスト内の一貫性ルールが満たされれば、忠実性は何らかの関係があればよいとされる[17]。

フェアメーアはこの理論が、様々な翻訳の個別理論をカバーし得る一般翻訳理論であるとした。スコポス理論では翻訳をSTとの等価という伝統的な視点からではなく、独立したオリジナルテクスト作成として捉えるので、翻訳者はSTに忠実という概念だけで規定されていたことからくる限界や制約から解放されることになる。スコポス理論におけるST・TTの関係は、グットの解釈的類似の説明と相容れるものである。ただし類似性にあまり囚われると、STを基準とする伝統的理論と同じになるとフェアメーアは指摘している。彼はグットによる関連性理論の翻訳への適用が、スコポス理論の枠組み以上のものは無いとしながらも、スコポス理論では明示的にされなかった異文化間コミュニケーションの側面を詳細に説明しているという点では評価し、スコポス理論の下位理論としての位置付けを示唆している（Vermeer, 1996: 68）。

スコポス理論はもともと20世紀後半から、科学・学術論文、使用説明書や契約書など、社会・文化的慣例と強く結びつく翻訳受容が高まりを見せた状況下で生み出された。従って語彙・文体レベルが重要な要素となる文学翻訳には応用しにくいとの批判もある。しかしフェアメーア自身が『千一夜物語』の児童書翻訳の依頼を受けた際、「文学テクストは特殊なテクストタイプで、みだりに手を加えてはいけない」とされているにもかかわらず、翻訳依頼者である出版社が原著に手を加えることを要求して、児童にとって適切な翻訳となるようにした実例を挙げている（*ibid.*: 37）。また第44代米国大統領の就任を前に、日本でのオバマ人気

を反映してCD付き対訳オバマ演説集が出版[18]され、かなりの売れ行きであった。スピーチSTの目的は、米国国民を対象に、大統領選に向けてオバマ氏の政治方針やその信念を訴えることにあった。しかし出版されたTTには投票数獲得という政治目的はなく、教科書出版社の手により主に英語学習目的で製作された。実際に英語スピーチには言語形式の対応が分かりやすい対訳が付けられ、脚注には語句説明が、巻末には「ボキャブラリー・チェック」と「オバマ報道の新しい英語」の解説が付けられている。巻頭には、スピーチのレトリックの説明も付されている。米国では政治的な機能を持ったスピーチが、日本では体裁の全く違うTTとなり、異なった機能を担って発売されたのである。

　他にも本章の2.2で挙げた『ガリヴァー旅行記』のような場合や、ニュースを物語として翻訳する場合など、STとTTで機能やジャンルが異なる例は多いが、このような場合にもスコポス理論は対処できる。一つのSTに対してもスコポスが異なれば、それに応じて様々なTTが作成されうるからである。ただし、翻訳者は翻訳をする際にそのスコポスを明らかにする必要がある。TTでの機能を重視することから、この理論は同化翻訳のみを奨励しているという批判もあるが、異化・同化のストラテジーを選択するのは翻訳のスコポスに沿うように、翻訳者が決定するものである。スコポスがSLの特徴やSL文化・歴史について正確に伝えるということなら、異化ストラテジーが選択されるべきである。スコポスが気楽に読める娯楽小説作成であるならば同化ストラテジーが適切となる。

　しかし、文学テキストの状況と機能は、非文学テキストよりも複雑であるという指摘は多い。本研究では一つのテキスト内でも、様々なレベルで異なったストラテジーが使われている事実を

認め[19]、その中で特に話法表現に焦点を当てる。フェアメーアも、スコポス理論の文学テクスト応用への批判が出るときはいつもテクストの表層構造のみについて取り上げられるが、表層構造の下にもっと多くの要因があり、他のレベルでの同化が表層構造での異化効果を招くこともあると述べている (*ibid.*: 39)。

　口頭のコミュニケーションでは、聞き手は話者が口に出して述べた言葉の意味だけでなく、声の調子や眼差しなど非言語情報、また発話の状況からくる制約等からも、様々な推論を働かせて情報を受け取る。翻訳のコミュニケーションでも、意味論的意味の他に、様々なレベルで情報伝達が行われる可能性があり、それらが複雑に繋がりあっている。STのコンテクストから切り離し、それを全く異なったTT読者の持つコンテクストに持ち込むのだから、全てのレベルで高度な類似を求めるのはほとんどの場合不可能である。そこでどのレベルを最優先に伝え、どのようなTTを作成するのかというスコポス決定が必要となり、それに従って有効なストラテジー選択が行われるのである。

　本章では、あとの事例分析を行う際にもよく用いる翻訳の異化・同化という概念について述べ、そういったストラテジーを決定付けるものが翻訳の目的（機能）であることを説明した。TTがSTとどれだけ類似しているか、あるいはどれだけ読みやすく訳されているかで翻訳の質が議論されても、平行線をたどることが多い。ある目的のために適切な翻訳であるか、読者とのコミュニケーションでどのような機能を果たしているかが問題にされてこそ、論点が具体的になり得ると考える。次章では話法の具体例と照らして、翻訳のコミュニケーション的側面を考えたい。

注

(1) フランスで17世紀当時の貴族の嗜好や流儀に合わせて翻訳し、人気を博していたペロー・ダブランクール（d'Ablancourt: 1606-1664）の翻訳を批判して、メナージュ（Ménage: 1613-1692）が「不実の美女」と評した（Venuti, 1998: 241）。

(2) 二葉亭の『あひびき』（1888）は徹底した原文忠実主義で、後に本人がぎくしゃくとして読みにくいと批判しているが、言文一致運動の先駆けとなった（二葉亭, 1961: 218）。

(3) 亀井（1994: 186-187）

(4) メタフレーズとパラフレーズという用語は、クインティリアヌス（Quintilian）が95年頃古典の模倣演習の方法として取り上げた（Robinson, 1998: 166-167）。

(5) ヴィネイとダルベルネは翻訳の方法を、借用語、借用翻訳、逐語訳、転位、転調、等価、翻案（borrowing, calque, literal translation, transposition, modulation, equivalence, adaptation）の7項目に分類している。この定義では、翻案は直接の対応物がないときに、状況が対応するように作り変える方法をいう（Vinay and Darbelnet, 1958/2000）。

(6) Robinson（1997: 97）

(7) Venuti（1995a: 2）では例えば、Albert Camus's *The Stranger*（1946）, Françoise Sagan's *Bonjour Tristesse*（1955）, Julia Kristeva's *The Samurai*（1991）などを挙げている。

(8) 伊原（2000）では、例えばカタカナ語など語彙レベルの異化訳は比較的受け入れやすく、表現を刷新したり、新しい概念を取り入れたりして、異化効果を発揮することを論じている。

(9) Kenny（1998: 77-80）'Equivalence'. では、コラー（Koller）、ベーカー（Baker）、ニューマン（Newman）、カーデ（Kade）などの分類を紹介している。

(10) コロケーション（連語）：ある言語において実際の発話に繰り返しよく現れる語彙項目同士の共起関係をいう。

(11) 結束性：指示・代用・省略・接続・語彙的結束性のように、主に文

法的・語彙的な連鎖による表層的な結び付き。

(12) 一貫性：テクストを意味の単位として一貫するようにする意味的な結びつき。表層テクストの形式を問題とする結束性と同様に、ある文章のまとまりをテクストとして認める際の大きな基準となる。

(13) 含意、推意：グライスの用語で、発話において、話し手が文字通り言ったことではなく、意味したり、暗示したことについて言及する。注16も参照。

(14) 一人の使用者が様々な場面や目的に応じて使い分ける変種をいう。

(15) これには次のような指摘がある。グットの関連性の枠組みはスコポス理論と用語が違うだけでほとんど変わらない（Tirkkonen - Condit, 1992: 242; Vermeer, 1996: 51-52）。翻訳における関連性を誰がどのように判断し、決定を下すかが曖昧である。またその決定は読者の関連性だけに制約を受けると想定できるのか（Trikkonen - Condit, 1992: 244）。

(16) グライスは what is said と what is implicated を区別し、後者を会話における推意（implicature）と呼んだが、関連性理論では従来推意と呼ばれてきたものの中に、what is said の部類、即ち推意の類推から明示的に伝達される想定である表意（explicature）があるとした。

　　Gutt（1992）では Interpretive resemblance is not dependent on the sharing of semantic implications, but obtains also where two utterances share contextual implications, in a certain context. と述べ、解釈的類似は意味的含意と文脈含意を共有することであると説明している。

(17) Vermeer（2000）、藤濤（2007）参照。

(18) 『オバマ演説集』（CD、対訳付き）（2008）朝日出版社『CNN English Express』編集部。

(19) 伊原（2000）では、語彙レベルで異化的な選択がなされても、話法レベルで同化ストラテジーを用いていれば、読みやすさは保障されることを論じている。あるレベルで異化効果を与えるために、他のレベルでは同化ストラテジーを用いるのである。

― **Tea break 1** ―

翻訳活用法

　グローバル化が進展する中で「使える英語」の必要性が叫ばれて以来、いかに英語を教えるべきかという問題は、教育界だけでなく社会的な関心事となっている。日本人の英語習得の問題は、日本語という母語の特徴だけではなく、社会・文化的背景とも緊密に関わりあっており、英語教育を始めとする様々な分野で、研究と議論が活発に行われていることは言うまでもない。翻訳は、長年に渡り外国語教育にとって必要不可欠なものと考えられてきた。しかし昨今では、英語教育で和訳を使うことに対して批判の声が上がっている。たとえば、英文を一つ一つ構造的・文法的に解説し、日本語への語句の変換を行っても、テクスト全般の意味理解につながらない。あるいは、日本語を介することなく、英語で応答させなければ発信力がつかない、などというものである。授業の目的が何かによって、指導方法は違ってくるだろうが、英語だけの授業か、日本語も織り交ぜての授業か、それぞれの功罪をこの紙面で指摘するのは差し控え、翻訳研究の立場から、翻訳の活用法を少しでもお話しておきたい。

　筆者自身、英語でのコミュニケーションが不要であるとは思わないし、学生のレベルや授業の到達度に応じて、両方の方略がとられるべきではないかと考えている。ただ、本書から充分お分かり頂けるはずだが、翻訳とは一部の訳読批判に見られるように、文脈を考慮せず機械的に英語を一語一語日本語へと置き換えるものではなく、日英の言語文化の特質の理解のもとに、文脈の中で意味が通らなければ役に立たない。また翻訳の活用法も、授業の目的に応じて多種多様である。

　英語の授業に翻訳を取り入れる上で重要なのは、翻訳の結果よ

りもそこに至るプロセスの中で、どのように訳語を選択したか、なぜ不適切な訳になるのか、といった問題を学生に考えさせることである。日本語を介さない授業であれば、当然このようなプロセスはない。日本語に頼らずに直接英語で考え、英語で発信する習慣を付けるべきであるという見解からすれば、時間がかかる。しかし、このような時間が無駄であると言い切れるだろうか。翻訳という行為を通して日英の言語文化を対照し、その違いを認識すれば、また違った視点から英語を見つめ直し、テクストをより深く理解することが可能となる。

　日本人の英語学習者の全てが、海外あるいは国内で、英語だけを使ってコミュニケーションする状況に置かれるわけではなく、多くの場合異言語が混じりあう異文化コミュニケーション状況の中で、考えや情報を伝える力が要求される。そのためには翻訳を介した正確な読解能力やメタ言語能力が不可欠となるであろう。「Tea break 2」以降のコラムで、大学の英語講読や翻訳演習の実際の授業例を数例紹介したい。

第*3*章

伝達のメカニズム

1. 翻訳と話法の伝達

　ヤコブソンは翻訳を、①言語内翻訳（intralingual translation or rewording）②言語間翻訳（interlingual translation or translation proper）③記号法間翻訳（intersemiotic translation or transmutation）と分類した（Jakobson, 1971）。①は専門書を一般読者用に分かりやすく書き下したもの、また単なる言い換えの様々なケースが考えられる。②は普通に言う翻訳であって、③は言語を言語以外の記号体系に解釈するものであり、文学作品の映画化や漫画化はその例である。ヤコブソンのこの分類は翻訳の概念を広げたものであり、より広範な視座からの翻訳研究を可能にした。中でも①の言語内翻訳は、言語の最も重要な機能であるコミュニケーションそのものに関わるものである。

　ここで、第 1 章第 1 節で示した翻訳と話法のコミュニケーションプロセスの図を再度提示して説明したい。

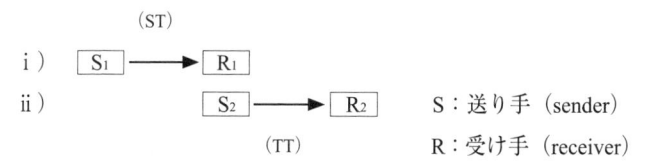

　　　　　　　　　　(ST)
　i)　　$\boxed{S_1} \longrightarrow \boxed{R_1}$

　ii)　　　　　　　　$\boxed{S_2} \longrightarrow \boxed{R_2}$　　S：送り手（sender）
　　　　　　　　　　(TT)　　　　　　　R：受け手（receiver）

　　　　図1.　翻訳と話法のコミュニケーションプロセス

一般的な翻訳のコミュニケーションでは、$R_1 = S_2$ が翻訳者となり、S_2 が発信する際、異言語への変換が行われる。その際翻訳の目的に基づいて、STの異質性をできるだけ取り入れようとする異化訳か、TT文化の規範に合わせて自国作品のように自然に読める同化訳か、というストラテジー選択から、受け手のコンテクストを考慮した訳語選択に至るまで、翻訳者の意図が伝達の方法を決定する。

　ヤコブソンは、翻訳は「一種の伝達話法（reported speech）である。つまり、翻訳者は別の情報源から得たメッセージを再びコード化（recode）し、伝達（transmit）する」と説明している（*ibid*.: 262）が、上の図で S_1 を元話者、S_2（$=R_1$）を伝達者、R_2 を聞き手とすると、話法のプロセスが説明できる。奥津（1968: 4）は「間接引用文とは直接引用文の内容を地の文の話し手の立場に翻訳した文であり、この手続きを間接化（indirectification）と呼ぼう」と述べているが、これはヤコブソンの分類①にそのまま当てはまる。同言語内でもジェンダー、出身地、社会階層や年齢などを異にしておれば、2人の使う表現は違ったものになるし、同じ言葉から受け取るコノテーションも違ってくる。地域的、社会的、階級的方言を超えて2人が異国の人間同士であれば、②の言語間翻訳ということになる。このように間接話法と翻訳が伝達のメカニズムを共有することに異論の余地はないが、それでは直接話法はどうであろう。内容に忠実であるべきか形に忠実であるべきかという問題が、翻訳において常に議論されてきたことを考えると、内容だけでなく形を移すといわれている直接話法の方が、むしろ翻訳と平行的な現象を持つのではないだろうか。本章では翻訳と直接話法が基本的伝達のメカニズムを共有するという仮説をたて、具体的な例文から両者を比較対照する。そうするこ

とによって、仲介者としての翻訳者／伝達者の意図がどのようにコミュニケーションをコントロールするのか明らかにする。

2. 比較によって見えるもの

翻訳も話法も、実際のコミュニケーションでは言語で述べられたメッセージの内容だけが記号化されて、図1の矢印のように1本の線として伝達され、解読されるわけではない。翻訳のような書記言語では、行間に込められた含意や文体から受ける印象なども、同時に伝達される。口頭による対話であれば、表情や声のトーン、アクセントなど様々な非言語情報が伝えられる。また解釈に際しては、コンテクストや受け手の持つ推論が大きく影響する。

二段階のコミュニケーションとして、どちらの場合も最初に伝達されるものと2番目に伝達されるものの間には、何らかの類似性が存在することが大前提になる。この類似性は意味の類似性だけでなく、形式、音韻、推論レベル等での類似性があり、類似の程度も様々である。

口頭の話法においては、$S_2 \rightarrow R_2$ つまり伝達者から聞き手へのコミュニケーションに際して、その二者は同じ時空間にいることが一般的である。聞いている方はそれが今発話している S_2 とは別の S_1（元話者）の言葉であると分かっていても、S_2 の顔を見ながらその声を聞くわけだから、それだけ S_2 の意図が介在することを感じ取りやすいといえるだろう。なかには S_1 の発話がなく、S_2 の想像によって「あの人も僕が悪かったんだよとか言ってくれればよかったのに」というように、$S_2 \rightarrow R_2$ のコミュニケ

第3章 伝達のメカニズム　51

ーションだけしか存在しないことさえある [1]。しかし翻訳の場合は S_1（原著者）が存在しないことは考えにくい [2]。むしろ S_2（翻訳者）が黒子のように働いてその姿を感じさせないのが良い翻訳であると評される事も多い [3] ほどで、R_2（TT 読者）が翻訳された世界の名作を読む場合、S_1 の存在しか頭に浮かばない方が普通ではないだろうか。つまり $S_1 \rightarrow R_2$ のようなダイレクトなコミュニケーションが成り立っているように錯覚するのである。話法伝達と比較する事によって、翻訳における $S_2 \rightarrow R_2$ のプロセスが明らかになり、翻訳行為というコミュニケーション活動における翻訳者の役割が浮かび上がると考えられる。

3. 直接話法と伝達者の意図

話法研究は従来統語論的側面に重きが置かれ、英語教育の場においても機械的な変換練習等が強調されてきたが、最近では語用論、談話分析の見地からも研究がなされている。伝達者自身の言葉と他者の声（元発話）との関わり合いは、新しい伝達の場における様々な状況に応じて、いろいろな形をとる。直接話法は "the speaker gives an apparently verbatim report of what someone said" (Biber et al, 1999: 1118) とあるように、「元発話の忠実な再現のように報告する」と定義付けられてきた。しかし昨今直接話法も元発話そのままの再現ではなく、伝達者の関与があるとする見解が発表されている [4]。本章ではもう一歩踏み込んで、直接話法であっても伝達者の意図から無縁であり得ず、元発話の形に忠実であっても変容されていても、伝達者の意図によって操作されることを述べたい [5]。ここでは話法の本質が最もよく現れる、口

頭による対話のコンテクストから具体例をとって考える。元来直接話法・間接話法という概念は西洋文法のものであり、日本語においては、統語的な基準だけでは区別がつけられず、その定義も研究者によって異なっている。本稿で取り上げた直接話法は、引用された言葉が元話者の発話らしさを帯びており、伝達の場から独立していることを基準とする。終助詞「よ、わ、ね」や丁寧体「です、ます」は、伝達の場や相手との人間関係を考慮した、発話・伝達のモダリティを表すもので、直接話法のマーカーとなる。

4. 具体例分析

　翻訳／話法の具体例を取り上げて、4.1 では変容、4.2 では非変容の現象を分析する。そのどちらの場合にも仲介者の意図が働いていることを確認し、その意図がどのように決定されるかを考察する。

　話法において「非変容」とは、元の発話の表現形式や情報内容をできるだけ変えずに伝達する場合を指し、「変容」とはレジスターやソーシャルダイクシス [6] による表現の調整や、情報内容を要約、削除、補充などして伝達する場合を指す。言語間の翻訳においては、言語記号の置き換えという作業が必然であり、最初の段階からいわば「変容」が起こっているが、ここで問題にする「変容」とは、表現形式や情報内容において、ST との対応関係が崩れている場合を指し、対応関係をできるだけ保持している場合を「非変容」とする。

4.1　元発話／ST の変容

下の例は某大学で、ある教員の最終講義の司会に立った M 准教授の発話である。

(1)　H 先生が<u>あんたやれ</u>とおっしゃるものですから、ここに立っておりますが、私のような若輩者が、先生のご紹介をさせて頂きますのは、[…]

下線部は H 教授の発話を伝達しているが、直接確認したところによると、H 教授の元発話は「M 先生、やって下さいよ。お願いします」であったそうだ。(1) の話者は聞き手との人間関係や自分の役割を考慮して、自らを「M 先生」と呼ぶのをはばかり、「あんた」という呼称によって、親しげではあるが幾分自分を謙った人間関係を提示している。その上で「やれ」という命令口調にすることで、H 教授を社会的上位に置くという謙譲の配慮が働いていると思われる。元発話からは変容を遂げているものの、丁寧な M 准教授の口調とは明確に異なる元発話の場を作っているので、直接話法と考えられる。

次に一つの元発話が、状況に応じて様々な直接話法の形をとって再構成される可能性を見てみよう。

A 教授は論文の執筆に追われていたがやっと終了した。ところが腱鞘炎で腕が使えず、二日後に約束していたゴルフを断りたい。A 教授は約束の日の前日に次のように関係者 B 氏に連絡したとしよう。

(2)a　昨日やっとできあがったんだよ。それが残念なんだけどパソコンの使いすぎらしくて、腱鞘炎で腕が上がらなくてね。歳

のせいかな。からだは元気なんだけど明日のゴルフは無理だなあ。申し訳ないけどB君、僕の代わりにプレーしてもらえないかなあ。

BがA教授の発話をゴルフの世話係に手早く伝えて、メンバーの調整をするには、次の表現が考えられる。

(2)b　A教授から電話があってね、「論文は完成したけど腱鞘炎でね、明日のゴルフは出席できないから、<u>悪いけど</u>君が代わりにプレーしてくれ」とおっしゃるんだ。

教授の口調、話の雰囲気を残しながらも、簡潔にまとめられている。「申し訳ない」という謝罪表現は、bの話し手・聞き手の人間関係ではもっとくだけた「悪いけど」に変わる可能性がある。しかしこの表現を省略してしまうと、同じ世話役に対して「申し訳ない」という教授の気持ちを伝えられないので不適切となる。また自分がメンバーに加わることはA教授の意思であることも明白にできる。もしA教授に数日後の予定で講演を依頼していた出版社の関係者がその場に居合わせれば、

(2)c　A教授は「仕事はやっと片付いたしからだは元気なんだけど、腱鞘炎で腕が痛いから今日のゴルフは<u>失礼します</u>」とおっしゃっていました。

と、講演は予定通り行われるから心配の必要は無いということを匂わせるかもしれない。また教授自身がこの聞き手に対しては丁寧語で話すだろうといった伝達者の予測で「失礼します」という

第3章　伝達のメカニズム　　55

'ソト' に対する表現の妥当性が出てくる。どちらの場合も様々な語用論的状況を踏まえて変容しているが、A教授の視点[7]で語られ、いかにもA教授が話しているという臨場感があり、伝達者は確かにA教授からじかに電話を受けて、彼の言葉を伝えていると感じ取れる。そのためA教授本人の責任がクローズアップされ、その分伝達者の責任が小さくなる。「歳のせいかな」は上のどの状況においても、この伝達者の立場上言いにくく、また必要ないとして省略されることが考えられる。(1)(2)のどちらの例も、元話者の「声」として提示されていながら、その中に伝達者の配慮による別の「声」が組み込まれている。

　元話者の発話を、その韻律的特徴も含め一字一句違えず再現する事は現実的でない。伝達者は聞き手との社会的関係や、聞き手が必要とする情報にあわせて、元発話の表現形式や内容を適切な形に再構成して伝達しているのである。また、多くの情報を盛り込んだ元発話を、必要な情報だけに焦点を絞って、要約的に伝達することもよく行われる。

　次に翻訳の変容の例を見たい。(3a) は *The Carrot Seed* (Krauss, 1945)、(3b) はその渡辺訳 (1980) であるが、STの3人称視点を1人称視点に変えることによって、幼い日本人読者が男の子の体験を自分自身の体験として感情移入できるようになった。語りの人称を変えることによって、男の子と読者の距離が近づき、テクスト全体の印象も変容している。小説などの語りにおいて、英文は3人称過去時制に統一されることが多いが、日本語では視点が登場人物に移行して、登場人物が体験した出来事、状況や思考を直接的に語りかける傾向が強い。そのため翻訳者は日本の幼い読者に直接的に訴える効果を考慮して、1人称語りのスタイルを選択したのであろう。

(3) a　A little boy planted a carrot seed.
　　　His mother said,
　　　"I'm afraid it won't come up."
　　　　　〔…〕
　　　A carrot came up.
　　　Just as the little boy
　　　had known it would.

　　b　ぼく　にんじんのたねまいたんだ。
　　　おかあさんが　いいました、
　　　「めなんか　でないわよ」
　　　　　〔…〕
　　　にんじんが　めを　だして、
　　　ほら　このとおり！

　次に一つのSTから目的に応じて2種類のTTが作成されている例を見よう。一つのSTに対して「唯一正しい翻訳」というものは存在しないということは、フェアメーアを引用するまでもなく、例えば一編の古典名作が文学鑑賞のために訳されるのか、文献学的研究のために訳されるのか、青少年向けに訳されるのかで、異なったTTが創られることからも明らかだ。次の例は映画 *High school musical* の挿入歌 a. 'When there was me and you'（written and produced by Jamie Houston）の b. 字幕版「あなたといた時」（卜部有紀子訳）と c. 日本語で歌われている「あなたといた時」の歌詞（DVD特典メニュー　ミュージッククリップ）である。

(4) a　It's funny when you find yourself
　　　Looking from the outside
　　　I'm standing here
　　　But all I want is to be over there
　　　Why did I let myself believe
　　　Miracles could happen
　　　'Cause now I have to pretend
　　　That I don't really care

　　b　不思議だわ　いつのまにか
　　　遠くから　あなたを眺めてる
　　　ここに立っているけど
　　　本当はそばに行きたい
　　　バカな私
　　　奇跡を信じてたなんて
　　　傷ついた心を隠すため
　　　平気な振りをするの

　　c　あなたが遠くに離れていく
　　　私は一人で見つめるだけ
　　　奇跡は起こると信じていたの
　　　堪えた涙　溢れそうよ。

　通常の映画字幕は1秒に4文字という字数制限があり、元のセリフよりかなり縮小されることが知られている。しかしこのようなミュージカルで特にスローナンバーの場合、普通のセリフよりもゆっくりと流れるSTに合わせるため、かなり詳しい訳が可能

となる。反対に日本語で歌われる場合の歌詞としての訳は、テンポやメロディーにのせてゆっくりと歌う必要上かなりの字数制限が加わる。じっさい、bとcを比較しても文字数の差は歴然としている。映画字幕の場合、映画の観客はSTの音声を聞きながら、日本語の字幕を読む。あっという間に過ぎてしまう早口のセリフとは違い、ゆっくりとした歌詞なら英語を聴き取りながら、字幕の訳を確認しようとする観客も多いだろう。bは1行ごとのフレーズがaときっちりと対応関係を示しており、歌われている英語の歌詞の意味が分かる観客にとっても、納得のゆく訳になっている。cは日本語で歌われST音声は聞こえてこない。歌全体の詩想や印象が伝われば、STから独立した歌としてメロディーと調和し、美しく歌えることが優先される。そのため、cでは詩の構成も変えられ、大幅な削除が施されている。bは非変容、cは変容の例で、それぞれが目的にかなったTTを提示している

　簡潔に要約的に伝達することは翻訳においても行われる。アメリカのニュースを日本のニュース雑誌に紹介する場合や、専門書を一般読者用に翻訳する場合、STの詳細な記述を全て伝達するのは翻訳の目的に合わないので、要約的に訳すことが行われる。文学作品においても、『源氏物語』を英訳したサイデンステッカー（1984）は「くどくどしい」STの文章をそのまま英訳すると、現代のアメリカ人読者にとって不自然であるとして、文章の構文も単純化し、簡潔なTTを作り上げた。時代も文化も違う受容状況で、翻訳者がTT読者の読みやすさを考慮して変容させたわけである。

　次の例は *Memoirs of a Geisha*（Golden, 1998）とその小川訳だが、このSTは祇園を舞台として芸妓を主人公にしており、ST読者よりもTT読者の方が小説の背景知識に詳しい。そのため小

川はSTに書かれている事柄がTT文化の現実や常識と食い違わないように気を配った。

(5)a　Originally his older brother had inherited the title of baron, but he had been assassinated while serving as finance minister in the cabinet of Prime Minister Inukai. (184)
　　b　もとは兄君が爵位を継がれたのですが、大蔵大臣にまでなって暗殺されてしまいましたので、[…]　（小川訳上：263）

ある人物の説明だが、STでは「犬養内閣で大蔵大臣を務めているときに暗殺された〜」とあり、実在の人物が特定されてしまう。ノンフィクションにみたてた小説であるとはいえ、これは不都合であるとの配慮から、TTでは犬養という名前が削除されている。また、女子衆が罰として、おかずに魚の干物をつけないと申し渡される箇所で、STではsix weeks (92) となっている期間が、日本では週単位よりも月単位で数える方が、年配の女将の言葉にふさわしいことから、「向こう一ヶ月」(131) と訳されている。STの日数より二週間ほど短くなったわけだが、厳密な数字よりもTT文化での自然さを優先させたのであろう。その他舞妓の髪型がSTではmomoware, meaning split peach (154) となっているところを、実際の祇園では「割れしのぶ」(220) が結われるので、そのように替えるなど、STの情報内容に修正を加えている箇所が随所に見られる。

4.2　元発話／STの非変容

元発話／STをその言語形式にできるだけ忠実に再現するということは、その異質性（翻訳の場合はTT文化におけるSTの持

つ異質性、話法の場合は、新しい伝達の場とは異なる元発話の場の異質性）を伝えるという意図が働いていることを意味する。他者の言葉を伝えるに当たって、韻律等といった元話者の言語的特徴は、揶揄やユーモア等特別な意図が伝達者になければ、直接話法であっても伝達者のスタイルで変えられる方が普通である。しかし元発話の言い回しが問題になる場合は、韻律も含めてできるだけ忠実な言葉が伝達される。

(6)a. やあ、どないしよう。かんにんどすえ。（元発話）
 b. まいったなあ、怒鳴りつけてやろうと思ってたのに、<u>どないしよう、かんにんどすえ</u>なんて謝られたら、すぐ許してしまったよ。（同僚の男性に伝達）
 c. あ、どうしよう。すみません。
 d. あら、どうしましょう。ごめんなさいね。

伝達者は自分の口調とは全く違う、bのように柔らかい京女性の音調までも再現して元発話を生々しく提示することによって、なぜ怒鳴りつける気になれなかったのかを説明しようとするであろう。この男性のレジスターではごく自然な表現cを使うと、伝達者の意図が十分に伝わらないことは明白である。dの表現では元話者が謝っていること、女性であることは伝えているが、この男性が怒る気をそがれてしまった真意が伝わらない。bのように、謝罪したという発話内行為だけでなく、元話者の表現形態を伝達することで、伝達者はその場で受けた印象や自分の評価を伝えようとする。はんなりとした女性の物腰に怒りの勢いが萎えてしまった経緯を伝えるのが目的であるから、表現形態を幾分誇張して、変容が行われる可能性も充分あることは否定できない。しか

しbのように形式の保持に努めても、$S_1 \rightarrow R_1$のコンテクストと$S_2 \rightarrow R_2$のコンテクストは異なり、各々の場での送り手の意図や含意も、それを読み取ろうとする受け手の推論も同一ではないのだから、その発話の伝える意味合いも同一ではありえない。bの男性はできるだけそれらしく聞こえるようにと演じるあまりに、aの元発話者の女性が意図しなかったわざとらしさや滑稽さ、ことによれば不真面目さまでも伝えてしまったかもしれない。

翻訳においても、STの中の表現形式が問題になる場合はできるだけその特徴を壊さずに伝えることが要求される。*Mama, I love you*（Saroyan, 1956）の翻訳では「パウダーをたたいて」、「シルバー・ペンシル」、「デスクの人」、「クレージーだって」、「スイングする」、「ワインド・アップ」、「ホンキー・トンク」、「オートマット」、「スーパー・インポーズ」等カタカナ語が非常に多い。最後に挙げた三例は「安キャバレー」、「ファースト・フード店」、「字幕スーパー」と馴染みのある語句に訳さなければ、この対象読者である中・高生には意味が分かりにくいかもしれないが、敢えてSTの読みに近い異化的な訳が付けられている。その結果読者はアメリカの雰囲気に触れ、いかにもアメリカ的な主人公母子の人物・状況設定の中で、自然に読み進めることができるだろう。

もっと伝達者／翻訳者の明示的な介入を抑えた形を考えて見よう。話法においては、伝達節と引用符（書面の場合）の存在は、伝達者の姿を提示するものである。しかし下のように引用句だけが表される場合もある。

(7)　B: そうか、それ、かーっとやって、それで、寛平がずーっと横で見てて、<u>もうちょっと、もうちょっと</u>。（笑い）俺も調子に乗って、どんどんどんどん破って。

S: どんな大人の喧嘩ですねん、それ。（笑い）（『さんまのまんま』2001 年 11 月放送）

これは英語の自由直接話法に相当すると思われるが、元話者の声色を真似て、その人らしさをできるだけ強調するほど、笑いや揶揄の効果を高める意図が働くと考えられる。一般に間接話法は内容を伝え、直接話法は形を伝えると言われる。確かに直接話法では、間接話法で取り込めない文構造や、感嘆詞、呼びかけ語（アドレスターム）に不正確な文や語句までそのまま伝えることができる[8]。(6)、(7) は元発話の形をそのまま伝えている例である。しかし、形をそのまま伝えるかどうかは、目的や状況に応じて伝達者の意図で決定されるものであることは、上述のとおりである。下の例は喫茶店での主婦の会話である。A はマー君と呼ばれる男児の母親で、B はマー君の幼稚園仲間の母親らしい。

(8) A: マーが、僕、ピアノストになるって言うんよ。
    B: ピアノストって。（笑い）
    A: そう、それでおじいちゃんも喜んで、そうか、そうか、マー君はピアノストになるんか、ピアノストになっておじいちゃんに聞かせてくれるんかやて。

聞き手である B が同じ年頃の子供をもつ母親であり、幼い子供が発した「ピアノスト」を楽しく共感でき、その間違いがいかにも可愛らしいという様子で孫と対話する祖父の気持ちも同様に感じ取ってくれる相手であるとの判断から、A はそのままの形を伝えたのである。聞き手があまり親しくない、あるいは子供嫌いな場合で、ピアニストになりたいという息子の意志や、それを聞い

て祖父が喜んだことだけを伝えるなら、「ピアノスト」は正しい「ピアニスト」に変更されるのが妥当であろう。

次の例は *Harry Potter and the Chamber of Secrets*（Rowling, 1999）の、魔法の呪文である。

(9) a.　*"Expelliarmus!", "Rictusempra!", "Tarantallegra!", "Finite Incantatem!", "Serpensortia!"*

　　b.　「**エクスペリアームズ！武器よ去れ**」、「**リクタスセンプラ！笑い続けよ！**」、「**タラントアレグラ！踊れ！**」、「**フィニート・インカンタ～テム！呪文よ終れ！**」、「**サーペンソーティア！ヘビ出よ！**」

それぞれのテクストでaは斜字体、bは太字で視覚的にも他の箇所とは異質に印刷されている。STの呪文はラテン語風で古めかしく、明らかに日常語とはかけ離れていて、呪文らしさが感じられる。それぞれの呪文はラテン語やイタリア語源の単語が組み合わせられており、英語話者であるST読者には意味を読み解くヒントが即座に浮かぶ。一方TTの方はSLの読みがそのままカタカナに音訳されているが、日本人読者がこのカタカナだけから意味的な関連を読み取るのは難しいだろう。そのため意味の分かる訳が添えられている。カタカナの部分は、呪文らしい形で且つ内容を表すように日本式呪文として書き換えるのも一つの方法だが、異化的な訳が選ばれている。このハリーポッターのシリーズは第1巻から世界中で爆発的人気を博し、日本のテレビ等でも原著者や英国の寄宿舎付き学校が紹介され、本国でのフィーバーぶりもニュースになった。当然このTTはSTから独立した、日本語で書かれた1編の作品としてよりも、STを読んだような気分

になる本物らしさが求められるだろう。STにおいても他の部分の語彙から少し遊離した呪文の部分は、異化的に形を移すのに丁度良い材料を提供している。

次の例は (9b) よりもっとSTに近くSLそのままを残している。

(10) 　彼は言葉やイメージが好きだった。〔…〕言葉には意味があるだけでなく、肌ざわりとでもいうべきものがある、と彼は子供のころから考えていた。ほかにも、「distanat」（遥かな）とか、「woodsmoke」（木の煙）、「highway」（ハイウェイ）、「ancient」（古代の）、〔…〕「India」（インド）とかいう言葉が、その響きが、味わいが、それが心に呼び起こすイメージが気にいっていた。彼は好きな言葉を表にして、自分の部屋の壁に貼っていた。

(*The Bridges of Madison County.*　村松訳：25-6)

この小説に書かれている通り、言葉の持つ「肌ざわり」を伝えるため、翻訳者はSTの英語そのままの言葉を書き出し、それに逐語訳を付ける方法をとった。またこの小説の主人公は実在の雑誌『ナショナル・ジオグラフィック』のカメラマンという設定で、マディソン郡にある屋根つきの橋も実在するところから、読者は「これはアメリカの片田舎で起こった本当の話かもしれない」という期待を持つだろう。そのためにもTTはできるだけアメリカの匂いを伝える必要がある。従って他にも、肉汁、白人参、肉類貯蔵小屋、丈の短い上着のようなルビ打ちの工夫やカタカナ語の使用が非常に多い。翻訳者はこなれた日本語で自然に読めるTTを作成することよりも、STの異質性を伝えることを優先した

といえる。

　ここでは話法／翻訳が変容せずできるだけオリジナルの形や音を忠実に再現している例を見たが、不自然さや受け手の戸惑いを予想できても敢えて変容させないことに、仲介者の見え隠れする意図を読み取ることができる。変容との対比が分かりやすいように、翻訳の例では極端な非変容の特徴が見られる箇所を挙げたが、テクスト全体としては特殊な例を選んだわけではない。ほかにも慣用句やメタファーを、文化上の操作を加えず記号変換だけ行うという非変容の形もある。その場合意味が通りにくくなる危険性はあるが、表現が刷新されたり、異文化に触れる面白さを提供することもできる[9]。また小説の語りを英語の ST のまま、3人称過去時制、語り手視点で統一するかどうかという側面でも、変容・非変容の問題が考えられよう。

4.3　分析結果のまとめ

　以上分析した翻訳と直接話法の対応関係を簡単に表にまとめる。表1, 2の番号は上述の具体例の番号に一致する。

　直接話法は伝達者が他者の発話を自分の発話と明確に区別して伝えるものである。被伝達部が伝達者によって形を変えていても、変えていなくても、伝達者は自分の発話とは異なった「声」を提示するため、それと分かるスタイルを創りあげて自らの発話の中に組み入れる。伝達動詞や引用符（書記言語の場合）の存在もそれを明示的にする。口頭の場合は、イントネーションなどの韻律や表情・ジェスチャーといったパラ言語的要素も加わって、伝達者の評価や意図が伝えられることになる。翻訳の場合は、一つの TT が提示されるとき普通原著者の名前が明記されて、読者はほとんどの場合原著者の言葉としてテクストを読む。翻訳者が

A) 変容 (表1)

話法	翻訳
(1) 対人関係による変容（ソーシャルダイクシスの調整）親近感と謙譲の配慮。〈あんた、やれ〉	(3) 語りの人称を変える。〈少年→ぼく〉 　視点を変えることによって、作中人物と読者の距離を調整。
(2) 同じ元発話が違った伝達のされ方。 ・丁寧表現の使い分けで人間関係を調整。〈してもらえないかなあ→してくれ、無理だなあ→失礼します〉 ・伝達情報の変容（要約・削除・補充） 〈歳のせいかな→削除〉	(4) 一つのSTが、TTの用途によって異なったストラテジーで訳される。 〈歌詞字幕、実際に歌う歌詞〉 (5) 情報内容の変容（自然さ優先のため変更、説明の補充、不必要なものの削除） 〈犬養内閣を削除〉

B) 非変容 (表2)

話法	翻訳
(6) 元発話の言い回しが問題になる。（柔らかい京都弁という表現形態を忠実に移すことが伝達の目的）〈かんにんどすえ〉	・カタカナ言葉 　英語の発音をそのままカタカナで表す。まだ外来語として定着していないが、異質な雰囲気を楽しむ。 ・ルビ打ち 　漢字で意味を伝え、ルビでSTのカタカナ語を伝える。
(7) 自由直接話法的。 　伝達動詞がないので、それだけ形式的には伝達者の「声」が抑えられるはずだが、揶揄や笑いの効果を期待する伝達者の意図が感じられる。 〈もうちょっと、もうちょっと〉	(9) STの中でも異質な文をそのままカタカナで。翻訳であることを明示的にし、記録的な売れ行きのSTの存在を感じさせる。 〈エクスペリアームズ！〉
(8) 不正確な語句もそのまま伝える。 〈僕、ピアノストになるって言うんよ〉	(10) SLをそのまま残す。 　SLの響きや味わいが問題になるとき。意味は逐語訳を付けて伝える。 〈distant（遥かな）〉

解釈を加え、自然に読みやすい形に変容させるほど、実際には翻訳者の「声」が大きくなるが、読者の目には翻訳者の姿が見えないことが多い。反対にSTの異質性をできるだけ取り入れたTTは、読者が異文化にある原著者の息遣いを感じ取るために、翻訳という行為が浮き上がり、かえって翻訳者の存在を意識することになる。

5. 結び

本章では話法と翻訳における伝達の基本的メカニズムが同じであることを確認した上で、具体例を見ながらそれぞれがどのように伝達されているかを観察した。その結果、話法と翻訳のいずれにおいても、それを取り巻く様々な状況に応じて、それぞれの伝達の目的を達成するために、伝達者／翻訳者が方向付けをしていることが検証された。翻訳を通して直接話法を見ることにより、直接話法も伝達者が聞き手の状況に応じて、元発話を創作し直して伝達するということが明白になった。反対に直接話法を通して翻訳を見ることにより、翻訳の異文化コミュニケーションとしての機能に新たな光を当てた。

直接話法が「元発話の忠実な再現」を目指すのは、韻律も含めた表現形式に特徴があってそれを問題にする場合や、元発話を固定化して正確を期す必要がある場合などとなり、それ以外は伝達者によって変容を遂げている。一般に、間接話法はメッセージの内容を、直接話法は形を伝えるといわれている。具体例でみたように、言語形式の特徴や間違った言葉や文構造までそのまま伝えることができるのは直接話法である。しかしそれは、何を伝え

たいかという伝達者の意図によって選択されるものであり、元の形を必ずそのまま伝えるのが直接話法であるとはいえないのである。また形を伝える場合であっても、伝達者によるスタイル化のため、元発話の特徴がより誇張され、元の形そのままを伝えないことも大いにあり得る。

　一方、翻訳、特に文学翻訳においては、詩的言語などSTの言語的特徴が問題にされる場合も多く、そのような場合翻訳者にとってそれを移すことが優先課題となる。しかしSTの忠実な再現が、コミュニケーションの阻害をきたすと考えられる場合は、変容が必要となる。STの音韻レベル、語句レベル、構文レベル、語用論レベルの何を残して、何を変容させるか、つまりどこに類似性を求めるかの決定は、異化・同化のストラテジー決定につながるものだが、話法伝達の変容・非変容の例にその基盤を見ることができた。

　これらの考察により、翻訳を評価する際にも、STに忠実でない、あるいは生硬で読みにくい、という表層的な次元での評価ではなく、翻訳者がどういう意図をもってTT読者とのコミュニケーションに臨んだかが問題にされるべきであることが分かる。この翻訳によるコミュニケーションをより円滑にするためには、翻訳者自身が、翻訳の意図を明らかにし、TT読者が自分の目的にあった翻訳書を選択できるように便宜を図ることが望ましい。

補遺：擬似翻訳と想定話法

　本章は神戸大学国際文化学会編『国際文化学』第8号所収「翻訳と話法：伝達のメカニズム」を加筆・修正したものである。こ

の論文を書いた際、3.2 にも触れたように、話法には「あの人も<u>僕が悪かったんだよ</u>とか言ってくれればよかったのに」や「みんなに<u>できるもんなら、やってみろよ</u>ってせかされているような気がして」のように、元発話が実際には存在しないという形（想定引用⁽¹⁰⁾）が起こり得るのに対し、翻訳は ST あってこその翻訳であるから、この点では話法と翻訳のコミュニケーションには違いがあると考えていた。しかしその後の翻訳研究の中で、Pseudotranslation（擬似翻訳）という名称で、実際には存在しない仮想 ST との相互関係を想定し、あたかも翻訳であるかのように受容されることを目指した模倣的創作群が存在することが判明した。

この想定引用における話者（仮想伝達者）や擬似翻訳における作者（仮想翻訳者）の目的を考えると、話者や作者がそれぞれのコミュニケーションにおける機能を果たすために、巧妙に話法や翻訳の特徴を利用していることが分かり興味深い。以下に例を挙げながら、簡単に説明しておこう。なお、例文の下線は全て筆者による⁽¹¹⁾。

直接話法の場合でも伝達者の意図により、元発話に変容が加えられ、創作が行われることは上述の通りだが、これが想定の直接話法ともなれば、伝達者の意図や発話態度がより顕著となる。伝達者は揶揄・皮肉・冗談・非難・謙遜・責任逃れなど様々な目的のため、故意に他者の声（自己引用の場合もある）を真似て提示する。そのためには、想定した元話者らしさを、多くの場合幾分誇張して、スタイル化する。

下記の例はヴィジュアル・テーママガジン『プラスアクトミニ』vol5（2009）の生田斗真へのインタヴューである。同世代の役者に対する意識を聞かれて、

(11) 負けたくないんだけど、負けてほしくない。こいつに負けたくないと思ってほしいし、こいつには負けねぇって思われたいし。あの役俺がやりたかったって思われたいし、思いたいし…っていう変な感覚。

『魔女裁判』というドラマに対して抱いている思いを聞かれて、

(12) 万人に受けてほしいんですけど、もちろんね（笑）。でも、そこを狙っていかない。①みんなそっち行くなら、僕らはこっち行くよ、ついて来て！って感じかな。②日本でもこんなドラマをやるんだ、みたいなことになればいいな。

(11)では、想定上のライバルに自分のことを「こいつ」と呼ばせて、ある種の謙遜を表している。同時に、全ての想定話法（下線部）によって、生田本人が同世代のライバルに向ける熱い闘志を、他人の声として直接的・具体的に述べているが、「他のやつらから見て手ごわい競争相手でありたい」、「羨ましがられるような役を演じたい」と自分の声で伝えるよりは、距離感があり、「思ってほしい」、「思われたい」と行為を受ける立場としての一歩引いた自分を提示している。(12)①では、他のドラマとは一味違う作品にしたいという趣旨を、身近で分かりやすい言葉を用い、友達に呼びかけるような態度で述べている。①の表現自体は、熱い思いが生き生きと溢れているものの、想定引用を用いることによりその言葉と自分との距離を作り、さらに「って感じかな」と続けることで、その言葉を客観視しているクールな自分を演出している。②は視聴者の想定話法となっているが、ドラマ

第3章 伝達のメカニズム 71

の斬新さに感嘆してほしい本音を他人の言葉で表し、「みたいな」を続けることで、より緩和している。接尾辞「みたい」は、英語のヘッジ表現 "like" との類似性が指摘されており、「みたいな」に導かれる引用句が、実際に誰かが言った言葉ではないことを示している[12]。(11)、(12) ともに、真剣に熱くなっている姿を見せるのを嫌い、想定引用を利用することによって、他人にしろ、自分にしろ、今対談している自分とは距離を置いた誰かに本音を吐露させている。

次の2例は、ネット上のブログ『携帯百景』から。

(13) <u>お前はこれでも食ってろ</u>、と言わんばかりに肉団子入れられた．

http://www.movapic.com/comment/page/246182
（2009 年 6 月 27 日検索）

(14) 嫁さんに<u>あんたを手放す</u>って言われない様に必死でしがみつかねば（泣）

http://www.minkara.carview.co.jp/userid/490570/.../13436630
（2009 年 6 月 27 日検索）

(13) は肉団子を入れた相手の、無愛想な態度に怒りを覚え、自分の受けた印象を想定の直接話法で非難している。(14) は（泣）の表示からも明らかなように、妻の言葉をユーモラスに創作して、自分の弱い、情けない立場をおもしろおかしく作り上げている。

次の例はホルト（Holt, 2007: 74）で、P と D がその場にいない D の親戚の言葉を想定してジョークを言い合っている（Pam は P

の前妻であり、Dの親戚がPの現在の恋人をPamと間違えて挨拶する状況を想定している。なお、例文は文字転写の笑い声、息吸いなどパラ言語的要素を省いて表記する)。

(15) P: They'll say <u>it's very nice to meet you, Pam</u>.
　　　D: <u>By(boy?), you've fucking grown a few inches like haven't yuh.</u>

　ホルトは、この会話以降も、Pの想定引用にDが調子を合わせて、共同でジョークを展開させていく会話の連鎖を挙げ、fuckingのような卑語やピッチ、音質、笑いなどで、話者のフッティング[13]を変え、聞き手がそれを理解すると指摘している。ホルトはDの発話のような、自由直接話法の想定引用をenactmentと呼んでおり、伝達節がない分余計に想定話者を演じやすくなると説明する。フッティングをシフトさせることによって、話者はどんどん卑語や話の内容をエスカレートさせていくが、これは自分の言葉ではないという前提から、ますますおもしろおかしく、下品に持って行きやすくなるためと考えられる。

　次の例はグッドウィン (Goodwin, 1997: 111) からで、アフリカ系アメリカ人労働者階級のBeaが、その場にいない子が悪口を言ったように聞き手を扇動し、近所でボス格の二人 (BarbaraとKerry) が喧嘩をするように話を発展させる。下の会話は第3者のMarthaを話に巻き込んで、想定直接話法を使いながら、二人に代わって悪口を言い合って楽しむ様子が見られる。

(16) Martha: I laugh if Barbara say, ①<u>I wrote it so what you gonna do about it</u>.
　　　Bea: She say, she- and- and she and she probably gonna back out.

第3章　伝達のメカニズム　73

Martha: I know.

Bea: Bouuh boouh bouuh

Martha: And then she [=Kerry] gonna say ② <u>You didn't have to write that about me Barbara.</u> She might call her Barbara fat somp'm. Barbara say ③ <u>Least I don't have no long bumpy legs and bumpy neck, spot legs. Least I don't gonna fluff my hair up to make me look like I hadda bush.</u>

[　　]内は筆者。

下線部はこの場にいない二人の発話として演じられている。グッドウィンは、争いに無関係な二人が、協調しながら争いの展開を予想して仮説のお話を創りあげていく中で、想定直接話法は評価の役割をしていると指摘する。また、この想定引用を利用してのけなし合いは、仮定のドラマを創りあげる上で出てくる人物の前では普通行われないとも述べている。Martha は Kerry の口を借りて Barbara を「デブ」とののしり、Barbara の口を借りて、ケリーの容姿をけなしているが、これは軽い気持ちで楽しみながら行われており、引用していることで、発言の責任を回避しているものと思われる。

以上想定の直接話法の例を挙げ、引用者の様々な動機を検討したが、どの例も、自分のではなく他人の発話であると想定することによって発言責任を回避し、野心、怒りや不満、悪口やジョークなどを、自分の思う方向へと展開させている。

次に想定の翻訳について紹介したい。Rambelli（2009）によれば、擬似翻訳は、想定上の ST が持つ権威を利用する、検閲制度から逃れる、自分の名声に傷を付けずに新しいジャンルに挑戦するなどの動機から、読者の期待を有効に生かして行われてきた。

またこの擬似翻訳という手段は、政治的・社会的転換が激しい時期に多く取られる傾向にあるとも指摘されている。擬似翻訳の手段としては、起点言語や文化に特有の語彙や統語構造などといった「翻訳調」のしるしをふんだんに使ったり、あるいは偽の原著者名を発表したりする。

例えばモンマスのジェフリ（Geoffrey of Monmouth）は彼の『ブリタニア列王史』（*the Historia Regum Britanniae*, 1136-48）を非常に古い本からの翻訳であると主張し、ヴォルフラム・フォン・エッシェンバッハ（Wolfram von Eschenbach）は『パルツィファル』（*the Parzival*, 1200-16）の中で、聖杯伝説の主題を甦らせるために、存在しないプロヴァンスの詩に言及したり、原作がフランス語やアラビア語であるとも示唆している。他にもイタリア・ルネサンス期の詩人ボイアルド（Matteo Maria Boiardo）の『恋するオルランド』（*Orlando Innamorato*, 1483）がフランス人司祭 Turpin の著とされ、18世紀にはマクファーソン（James Macpherson）がオシアンの叙事詩（*Fragments of Ancient Poetry, Fingal and Temora*）を、ゲール語で書かれた古代文献から翻訳したと主張した。これらはすべて、古色豊かで独特の権威を持った言語で書かれていたとすることで、その威信を作品にも授けることを目指したものである。

またホーソンは Monsieur de l'Aubépine（Aubépine は Hawthorne——サンザシ——のフランス語訳）著の英訳であると偽って、ミステリータッチを取り入れた SF ジャンル風の『ラパチーニの娘』（*Rappachini's Daughter*, 1844）を発表した。ホーソンの時代は科学が急激に進歩した時代であり、人間が科学技術に振り回されて、人間性を喪失する危険性をこの小説は訴えているともとることができる（辰巳, 1983）。既に名声を得ていたホーソンが、科学

万能主義に抗議をし、また新しい作風に挑むためにも、擬似翻訳を利用したと思われる。辰巳は、ホーソンが名前を伏せたのは、表面に現れたものは見せかけに過ぎず、見せかけの背後にある真理を見極めて欲しいという、実存主義の追求ではないかと述べている（前掲書：88-91）。

モンテスキューの風刺的な『ペルシア人の手紙』（Letters Persanes, 1721）は、君主制そのものを含む当時のフランス社会を、政治・宗教両面からはばかることなく批判しており、検閲を逃れるために架空の人物の旅行記という形をとった。自国外の著者の作品の翻訳となれば、検閲の手もかなり緩んだためである（Toury, 1995）。この作品がパリで発表されると、短期間に驚異的な売れ行きを示した（西嶋, 1996）。これは、異邦人の口を借りたことで、特にパリの政治・経済・社会・文化・風俗・人物などに関して、風刺を利かせた批判を自由に行えたため、同時代の市民の共感を得たものと考えられる。またこの作品は書簡小説という新しいジャンルの草分けともなった。このように擬似翻訳者たちは、原著者であることを隠すことで検閲を逃れただけでなく、自分の名声に傷をつける心配もなく、新ジャンルへの冒険ができたわけである。

日本人にも馴染みの深い例としては、イザヤ・ベンダサン著、山本七平訳として発表された『日本人とユダヤ人』（1970）がある。これは山本七平がユダヤ人の姿を借り、日本人の思想と行動を「日本教」という宗教になぞらえて記した書物であるが、ユダヤ人に関する記述が現実とかけ離れているなどの批判もある（浅見, 1983）。浅見は1970年当時は、愛国・国防の世論づくりが本格化した時代であり、その「日本人」論ブームの波に乗ったものであるとしている。この書物は靖国問題、天皇制や国防問題にも

触れており、このような問題を論じるのは、国内外から軍国主義・国粋主義とのそしりを受けやすいという地政学的な風土もあったため、外国人（特に欧米人）に偽装した方が自由に日本人論を唱えることができたとも推察できる[14]。実際、日本や日本人が国際社会の目にどのように映っているかという問題は、当時日本人に高い関心を呼んでいた。発信する側も外国人という他者の視点を想定することによって、日本社会や日本人という自明であるはずの事象を全く違った角度から切り取って、今まで気付かれなかった側面を、抵抗なく読者に提供することが可能となったのであろう。

最近の例では、ゴールデン（Arthur Golden）の『さゆり』（*Memoirs of a Geisha*, 1997）が挙げられる。これは著者名が正しく公表されているので擬似翻訳の範疇に入るかどうかは決め難いが、小説冒頭の一章に入る前に「訳者覚書」が設けられ、この小説はニューヨーク大学の日本史を専門とする教授ヤーコブ・ハールホイスが、さゆりという日本人芸者の口述をテープに収録し、それを英語に翻訳して出版に至ったという（架空の）経緯が事細かく記されている。その覚書によって、物語の内容に信憑性と、研究目的に基づいて記録された書物であるという作品自体への信頼感が増し、異国情緒満載の日本の花柳界という世界への興味をかきたて、海外で軒並みベストセラーとなった。ゴールデンは川端康成の英語訳などを研究し、日本語からの英語訳のような文体にしようと努めたそうである。

想定の話法と翻訳において、動機や機能、方法に類似点は見られるが、すべてが対応するわけではない。しかし話法と翻訳が、冒頭にあげた二段階のコミュニケーションプロセスを持つという特質を共有することを考えれば、仲介者の意図によって伝達のさ

れ方が大きく変わることは納得できよう。想定話法や擬似翻訳も、話法や翻訳に対する暗黙の了解を、仮想伝達者や仮想翻訳者が自分の意図に応じて巧妙に利用しているものである。仮想であるが故に、その意図をより明示的に読み取ることができる。

注

(1) 藤田 (1995) は、このような他者の心の内を引く引用は、伝達者の解釈による変容の延長線上にあると考えられるとしている。元発話が実際になくても、伝達者（を装う発話者）は架空の元発話を操作することによって「二重の声」を表現する点は変わらない。

(2) しかし実際には pseudotranslation（擬似翻訳）と呼ばれる、ST のない「翻訳」の例がある。これについては、本章補遺において説明する。

(3) ヴェヌーティは米国における小説翻訳の書評を引用し (Venuti, 1995: 2-4)、すべての批評が「流暢さ」を基準にしていると指摘した。流暢な翻訳とは翻訳者の姿を見せなくすることであり、「あたかも翻訳されていないかのような自然な翻訳テクスト」が良いとするのは、「自文化中心主義の暴力」に繋がるものだと批判している。

(4) タネンは、「『直接』話法とは実際は『創作話法 (constructed dialogue)』であり、引用されている当事者よりも、主に伝達者により創作されたものだ」としている (Tannen, 1989: 99)。

鎌田 (1994: 181) は「いわゆる直接話法というものが、『直接話法スタイル』とでもいうべきレトリカルな要素を含む、新たに『創造』される表現であることを示す」と述べている。

藤田 (1995) は、引用されたコトバに伝達のムードがあれば、直接話法ということになるが、引用者が自らの解釈を表立てずに極力もとのまま再現しようとする「忠実再現」と、意味解釈を主体的に加えて変容させた（引用者の読み取った）形を提示する「意味的変容」との二つの方向があり、この現象は語用論の問題として扱うべきであると

している。

　Salkie and Reed（1997）は、元発話にどれだけ忠実か遠いかという元発話との関係が、直接話法と間接話法の区別の根拠とする伝統的見解は不適切であるとし、発話の "pragmatic source" に焦点をあてて、発話の語用論的責任の所在を問題にすべきだとする。

　スタンバーグは、従来直接話法では伝達者の視点は排除され、間接話法では被伝達者の視点が排除されるとされてきたが、視点の曖昧性は元来どの話法にも共通するとした。伝統的見解が見逃しているのは、伝達の構造が、伝達者と被伝達者のスピーチイベントのコンテクストのぶつかり合いや摩擦を、どの程度起こすかという点であり、伝達者は直接話法の中に異質な調子を組み入れて、非難・謙遜・現実的熱意等を具現化すると述べた（Sternberg, 1982）。

(5) 小説の中の直接話法は著者（作品の中に表れるのは語り手）が伝達者と考えられるが、少なくとも引用符の中は元発話そのものを表すと了解される。直接話法を取り入れることで、著者がその発話者をどう捉えているか、どういう人物像を作って読者にどういう印象を与えたいか、という伝達者としての意図を示すことができる点では口頭による話法と変わりはない。

(6) social deixis: 例えば人称代名詞や敬語のように、会話の参与者の社会的立場や対人関係、あるいは会話の中で言及されている人との関係を言語的に表すもの。

(7) 視点に関しては様々な先行研究があるが、久野（1978）はカメラ・アングルという言葉で視点を表し、カメラ・アングルを表す手段として共感度（話し手が対象に自己同一化をする度合い）という概念を導入した。宮崎・上野（1985）は認知心理学的観点から、視点を用いて他者理解がどのように行われるのかを次のように説明している。文学作品中の登場人物も含め他者の理解とは、その他者に視点を派遣し、その視点の内側にその他者の気持ち、感情を生成してみようとする過程である。作品を理解するとき、作者がどこにいてどのように見ていたか、つまり設定された視点からその見える様を〈見え〉と呼び、それを理解することが情景理解につながる（115）。さらに、視点を設定

するということは「ある目的なり、心情なりをもった他者に"なって"みるということ」であり、これを他者の心情を理解するときに経験する〈なる視点〉と呼ぶ（130）。この〈見る〉働きと〈なる〉働きは密接に関連しており、互いに影響し合う事態もある（140）。この説明は本書において、語り手視点、登場人物視点、視点の移行などの表現を理解するのに有用である。

(8) 話法の種類によって取り込めない言語形式については山口（1992: 301）に詳しい。

(9) 例えば'cool as a cucumber'というイディオムを村上春樹は「キューリみたいにクール」と訳した（村上と柴田, 2000: 222）。日本語には冷静な人を胡瓜に例える言語習慣はないので、異化訳である。キューリとクールの語の響きとリズムがおもしろく、STの頭韻も移しており異化効果を発揮している。

(10) メイナード（2004: 176-177）では、自分自身を第三者として引用する「自己引用」や「みたいな」を伴う「類似引用」を「想定引用」と区別して論じているが、本書での「想定引用」はそれら全てを含み、実際には発話されていない状況で、発話を想定したものとする。

(11) なお、以降の章においても、分析のための例文に付した下線は全て筆者によるものである。

(12) 「みたい（な）」は他の物事に似ていることや、例を示す接尾辞であり、不確かな判断や婉曲な言い回しにも用いられる。従って（12）のように引用辞として用いられると、話し手が発話内容に対して、ある程度距離をとっていることが示唆される。この点で、Romaine and Lange(1991: 227)は、like が直接話法の引用マーカーとして使われると、聞き手は伝達節の主語が実際にそのように発話したのではなく、頭の中で思考したと想定することが多いと述べている。つまり想定引用を導く可能性が高いと考えられる。Anderson（2000: 218）では、be +like は引用マーカーとして文法化されるより前に、プラグマティック・マーカーとしての使用が確立していたとし、発話とその基底にある思考とが、同一ではなく（non-identical resemblance）、ルースな類似性を示すということが根本になるとしている。

(13) 発話者の会話への関わり方や参加の仕方を言う。ゴフマン（Goffman）の用語。
(14) トゥーリーも、規範から外れることを良しとしない文化で、反感を買わずに新規性を取り入れる良い方法は、自分の著作があたかも翻訳であるかのように偽ることであると述べている（Toury, 1995: 41）。

第 *4* 章

話法の理論的概観

　第2章では、翻訳の理論的背景を述べた上で、本書での翻訳の捉え方、つまり機能主義的翻訳理論について説明した。それは翻訳をコミュニケーション行為と捉えるものであるから、翻訳のコミュニケーション的側面をより浮かび上がらせるために、第3章では話法伝達との比較対照を行った。そこでは主に直接話法の具体例を分析したが、ここで改めて話法についての章を設けたい。というのも、第1章で述べたように、第5章以降の具体的事例分析において話法に焦点があてられるため、話法についての見解を明示しておく必要があると思われるからである。ただし本書で問題にしているのは、話法表現による表現効果の違いが翻訳にどのような影響を与えるかという点である。したがって、話法の文法的なしくみやふるまいよりも、話法表現がどのようなレトリック効果を発揮しているかという機能的な側面を重視する。また、あとの事例分析に繋がるように、日本語では直接話法（小説の地の文に頻繁に現れる、引用符や伝達節がない直接話法的な表現も含む）に、英語では自由間接話法に、説明の重点を置きたい。まず初めに、話法についての一般的な定義について述べ、第2節では形態的特徴、第3節では機能的特徴について説明し、「声」の概念についても触れる。最後に第4節で本書での話法の捉え方を整理する。

1. 話法の一般的定義

1.1 英語の話法

まず英語における話法の一般的な定義について述べたい。クワーク他 (Quirk et al., 1985) では、次のように記述している。

> 他人の言葉を報告するには、いくつかの形態がある。もっとも明白な形態は、伝達節 (reporting clause) によって導入されるもので、話者とコミュニケーション行為 (話したのか書いたのか) についての言及がある。さらに、話した相手や発話の様態 (Caroline said hesitantly)、発話行為の状況 (Caroline replied; Caroline explained; Caroline said while washing her hair) も言及されることがある。(1020)

さらに、話法の種類について下記のように説明している。

> 伝達節がコミュニケーションの報告を導入する時、被伝達節 (reported clause：当該の伝達対象となる発話そのものを指す) は直接話法、または間接話法の形をとる。直接話法は他者 (報告者自身の場合もある) の話す (書く) 言葉を、あるいは話した (書いた) 言葉を、正確に伝えるという外観を呈するものとされ、一方間接話法は、元話者 (原著者) の言葉を、引用者 (報告者本人の場合もある) の言葉で伝えるものとされる。(1020-1021)

シンクレア (編) (Sinclair, ed., 1990) では直接話法は「他者が用いた言葉を使っているかのように、他者の言ったことを報告

する」(317)とし、間接話法は「他者の言ったことを報告するのに、実際に使われた言葉ではなく、伝達者の言葉を使う」(319)としている。双方の辞書ともに、直接話法は元話者の言葉をそのまま本人が話しているかのように再現することで、間接話法は他者の言葉を自分の言葉に置き換えて報告することとしており、それが一般的な定義であることを示している。つまり直接話法では、元発話でどのような言葉遣い、表現がとられたかが問題とされ、間接話法ではその意味内容が問題とされる。

さらにクヮーク他では、上述の 2 種類の話法に関連した二次的形態として、伝達節の無い自由間接話法（free indirect speech）と自由直接話法（free direct speech）を紹介し、これらは小説においては、主に登場人物の意識の流れを描写するのに使われるとしている（Quirk et al., 1985: 1021, 1032）。この自由間接話法は、伝達節や引用符によって登場人物の発話や思考を報告するという形をとらないので、小説の地の文にあっても語り手の言葉の中に自然に継ぎ目無く登場人物の言葉を取り入れることができる。

この形態の話法はドイツ語やフランス語の小説における話法例の研究から始まったもので、クルマス（Coulmas, 1986a: 6-11）は次のように概観している[1]。1894 年にトブラー（Tobler）が「直接話法と間接話法の特殊な結合」と規定して直接話法と間接話法の他に混合形態があることを指摘した。1899 年にカレプキー（Kalepky）は混合のスタイルではなく独立した話法と見て、「ベールで被われた話法」と呼び、話者に文体的ベールをかぶせて、その話者が語り手なのか主人公であるのか、読者に決定を任せた。1912 年にバイイ（Bally）はこのスタイルがフランス語特有のものであるとして、「自由間接話法」style indirect libre と呼んだ。この呼び方が広く知られて自由間接話法研究が広まりを見せ

たが、1921年にロルク（Lorck）はその呼称は「間接」というところが誤った呼び方であり、さらにフランス語だけの問題ではないとして「体験話法」erlebte Rede と呼ぶのを提案した[2]。ロルクによれば体験話法は他者の言葉の生き生きとした印象を甦らせる形態であり、ほとんど伝達のためではない。この体験話法という呼び方についてはイェスペルセン（Jespersen）が批判し、「著者は表される思考や発話を体験するのでなく、我々に描出する」ので "represented speech" がふさわしいと1924年に命名した。イェスペルセンもこれを間接話法の一種として捉えた。レルヒ（Lerch）は1919年にこの話法は登場人物の声の側面が強いとして「擬似直接話法」uneigentliche direkte Rede と呼んでいる。この呼び方はバフチンにも支持された（Vološinov, 1973）[3]。

この他にも様々な呼び方で言及されているが、このように命名で対立してきたのは、この話法のどの側面を優先させたか、どういう機能を重視したか、という点においてその捉え方が少しずつ異なっていたからに他ならない。この話法は人称と時制が語り手の視点に合わせられているところ、つまり3人称小説であれば、3人称過去時制という地の文の文法形式で表されるところは間接話法的である。しかし伝達節への従属、つまり that 節（if 節）に埋め込まれるために生じる制約から自由である。そのような文法的特徴に焦点を当てると自由間接話法という名称が適切に思える。あるいは、語り手による伝達節を経ないで、登場人物の発話や思考を再現すると見ると体験話法という名称が浮かびあがり、またその発話や思考は語り手の枠内で、叙述されるのではなく描出されるという点では描出話法となる。さらに、登場人物の発話や思考が、登場人物の声によって生き生きと提示される点を重要視すると、直接話法に近い機能を持つ擬似直接話法と呼ぶことに

なるが、現在では自由間接話法という呼称が多いように思われる[4]。

他にも研究者によって、話法のカテゴリーを speech と thought に分けて明示したり（例えば Short, Semino & Culpeper, 1996; Banfield, 1982; Ehrlich, 1990 等）、discourse という言葉で両方を表したり（McHale, 1978; Fludernik, 1993 等）様々である[5]。本書では小説の中の思考を心内の発話と考え、どちらの場合も含めて「話法」と表記する。ただし、後ほどリーチとショートの話法分類（Varieties of speech presentation, Leech & Short, 1981）やショート他の定量分析に言及する箇所では、彼らの表記法に従う。

1.2 日本語の話法

元来直接話法・間接話法という概念は西洋文法のものであり、日本語においては、統語的な基準だけではその区別がつけられない場合が多い。日本の小説は、頻繁に視点が移行し、また登場人物と語り手の発話が曖昧な形で融合することが広く指摘されている。歴史的に遡れば、『源氏物語』は和歌が出てきたときに改行する以外は、句読点も引用符もパラグラフもなかった。洋の東西を問わず昔は多くの文学が口頭によって伝えられ、声色や他の非言語情報によって誰の発話か区別がつけられることが多かったが、日本の古典では複雑に発達した敬語も、誰の発話か見分ける目安となった。外山（1981）は、日本の上代の文学では直接話法と間接話法の混在した形式が文体の特色をなしており、形の上から直接話法・間接話法の区別を付けるのは困難であると述べている。彼は万葉集から柿本人麻呂による 2 種の例を引いた。

(1) a.「大鳥の羽易の山に汝が恋ふる妹は座すと人のいへば」(『万

葉集』213 ⁽⁶⁾）
b.「大鳥の羽易の山に<u>我が</u>恋ふる妹は座すと人のいへば」(『万葉集』210)

これは、人麻呂が妻の死を悼んで詠んだ長歌の中にあり、死んだ妻に会いたいが会うすべもなく、羽易山に妻がいると聞いて、妻を求めて山に分け入って行くという嘆きの歌である（中西, 1989: 44-45）。外山によれば (1a) は意味上直接話法読みとなる。つまり、「『大鳥の羽易の山に、あなたの恋ふる人がいますよ』と人が言うので」と読める。伊藤 (1995) によればこの歌は、「亡き人とどこそこで逢ったといって遺族を慰めてやる当代の習慣を背景にしている」(367) ものと考えられる。(1b) は意味的に考えて間接話法的だが、形の上から区別するのは困難である。つまりこれは、上に書いたように「大鳥の羽易の山に私の恋ふる妻がいると人が言うので」という意味で、「人」が一般的な人を指し、「我が」が「歌の詠み手（人麻呂）の」ということになり、間接話法である。しかし例えば、コンテクストからの情報がなければ、「人」が特定の誰かを指すのか、一般的な人を指すのか分からない。もし特定の誰かであって、(1b) の「我が」と「いへば」の主語が同一人物を指すのであれば、「『大鳥の羽易の山に私（A氏）の恋ふる人がいる』と人（A氏）が言うので」と (1b) の直接話法読みが決まる。このように誰の発話であるかを決定するにはコンテクストからの情報に頼るしかないことも多かった。

実際、奥津 (1968) が日本語の直接話法・間接話法の区別を構造的に分析しようとしたのを皮切りに、統語論、意味論、語用論、談話分析、社会言語学と、様々な観点からの話法研究が行われている。藤田 (1995: 456-457) は、「かつては、『日本語には直

接話法と間接話法の区別などない』といった乱暴な発言がなされたこともあったようである」が、英語のように形態的徴証がなくとも、直接話法と間接話法の別というべき言語事実は存在すると述べ、下記のように説明した。

(2) 山崎氏は、<u>私が正しい</u>と言った／思った。

例文 (2) で「私」＝「山崎氏」（元発話者）ととれば、「山崎氏が正しい」という意味になり、「私」＝伝達者（全文の発話者）ととれば、「伝達者が正しい」という意味になる。このように二つの異なる意味として読めるわけで、前者の読みは直接話法、後者は間接話法という区別がまさしく存在するのである。

　日本語の場合も、直接話法は元話者の言葉を字句どおりに再現することで、間接話法は他者の言葉を伝達者の言葉に置き換えて報告することと、一般的に認識されている。しかし第3章で述べたように、最近の研究では日本語であれ英語であれ、直接話法といえども元話者の言葉がそのまま使われるわけではないことや、原著者の特徴的な話し方が、伝達者（引用者）の意図を反映した機能を付与されて創作されることが知られている（Tannen, 1989; 鎌田, 2000, 2007; 本書第3章参照）。

　本節では英語と日本語の話法がどのように捉えられてきたかを概観したが、次節においては、それぞれの形態的な特徴について述べたい。

2. 形態的特徴

　既に述べたように、本書では話法の文法的側面よりも、その修辞的機能に重きを置いている。話法が翻訳に及ぼす効果は文法構造や表記上の特徴によってのみ説明できるものではない。しかし、話法表現を軸に翻訳を分析するためには、話法の形態的特徴に着目する必要が生じてくる。また分析が主観的な印象からではなく、客観的事実を基になされていることを示すためにも、話法の形態的特徴を知ることは重要であろう。本節では第1項で英語の話法の、第2項で日本語の話法の形態的特徴を見る。それらを踏まえた上で、第3節において話法の機能的特徴について先行研究を紹介する。

2.1　英語の話法

　英語の場合、直接話法と間接話法では（表1）の1段目に示すように伝達節と被伝達節の結合の仕方に構造的な違いが見られる。そのため原則的に2段目、3段目のような特徴的な差異が生じる。

	直接話法	間接話法
伝達節と被伝達節の関係	並列的に結合 引用符によって分離	被伝達節は that 節の形で従属化
被伝達部に取り込めないもの	制限なし	呼びかけ語、間投詞、倒置文 命令文、不完全な文
ダイクシス（時・場所・人称）	元発話者の視点を反映	伝達者の視点を反映

（表1）

上の表で間接話法の「被伝達部に取り込めないもの」としてあげられたものが、伝達節のある話法に現れると、それは直接話法ということになる。しかしこの表は原則であって、特に口頭の対話の場合、ダイクシスの選択が話し手中心になったり、聞き手中心になったりする[7]。また同じく口頭の場合、間接話法従属節内で必ずしも時制の一致が見られないことも知られている[8]。

また伝達動詞としては、中立的な say や tell を始め、話者の意図、目的を表す answer, complain, reply, suggest や、話し方を表す mumble, murmur, shout, whisper や、発話時の様態を示す grin, nod, sneer, sob, smile などがあり、believe, feel, imagine, know, mention, realize, recognize, suppose のような動詞は直接話法伝達節では使われない（Quirk et al., 1985）[9]。

次に自由間接話法の形態的特徴について以下に簡単に記しておく。

ⅰ）時制と人称に関しては間接話法と同じく伝達者の視点をとる。
ⅱ）時制と人称以外のダイクシスは直接話法と同じく元発話者（登場人物）の視点を反映する。
ⅲ）伝達節に従属しない。しかし発話／思考の伝達動詞かそれにかわる動詞が、論評節（comment clause；あるいは挿入節 : parenthetical clause）として文中か文末に現れることもある。
ⅳ）疑問文、命令文、倒置文などは直接話法そのままの文構造が保持される。
ⅴ）間投詞など直接話法の特徴が保持される。

自由直接話法は、伝達動詞や引用符がつかない直接話法の形態であるが、引用符が残ることもある。
　上述の形態的特徴を全て備えているわけではないが、それぞれの形態に即した例文をあげておこう。

(3) a. The small boy could not understand. He said to himself, "Why is Mommy always working? It's my birthday today." ……直接話法
　　b. The small boy could not understand why his mother was always working. He complained to himself that it was his birthday that day. ……間接話法
　　c. The small boy could not understand. *Why was Mommy always working? It was his birthday today.* ……自由間接話法
　　d. The small boy could not understand. *Why is Mommy always working? It is my birthday today.* ……自由直接話法

上の例で（3a）は少年の心の中の声をそのまま引用符にいれて提示した直接話法であり、（3b）は引用者（語り手）の言葉によって彼の思考を報告した間接話法である。（3c）の斜字体の部分は間接話法のように伝達節に従属していないが、時制と人称は引用者（語り手）の視点であり、疑問文としての語順は直接話法と同じである。また自由間接話法では時空間を表す直示語や、話者の特徴的な表現もそのまま残ることが多い。小説の地の文に（3c）が現れると、語り手の枠組みを維持しながら自然に継ぎ目なく「どうして母さんはいつだって仕事なの？　今日は僕の誕生日なのに」という少年の心の声を読み取ることができよう。さらに文脈に応じて、同情や皮肉などの、語り手の何らかの心的態度を読み取ることもある。（3d）の自由直接話法となると、直接話法の

被伝達節と同一となり、少年の心の叫びがモノローグのように、より強く読み取れる。

2.2　日本語の話法

既に述べた通り日本語の話法は英語ほど明確な形態的特徴に乏しいが、直接話法・間接話法ともに文中引用句「〜と（て／って）」が述部と相関する形をとって形成されるのが原則である。しかし「〜と」が間接話法を導く場合でも、英語の that 節のように従属化されないことに加え、人称や時制のふるまいが英語とは異なるので、直接話法・間接話法の区別が曖昧になることが多い。統語論的には「〜と」の位置付けを格成分とするかどうか、「〜と」の導く引用句は名詞句か副詞句かといった議論がなされている[10]。

藤田（1995, 2000）は話法を「〜と」形式において生じる文法的な現象として捉え、直接話法・間接話法の区別は〈伝達のムード〉があるか、ないかで決まるとした。〈伝達のムード〉は「よ、わ、ね」など終助詞や「です、ます」で担われる。仁田（1991）ではこれを〈発話・伝達のモダリティ〉と呼び、「話し手の発話・伝達的な態度のありかたである」(228) と述べている。

本書で取り上げる話法は、主に小説内に生起するものである。したがって、語り手が伝達者となり、登場人物の声を直接伝えれば直接話法となるし、語り手の視点にたった報告をすれば間接話法と考える[11]。下例（4）のように、1人称の、話しぶりに特徴のある語り手の場合は、口頭の対話での話法と同じように、伝達者のディスコース、つまり地の文自体に〈伝達のムード〉が付与される。

(4) 今までいろんな学校<u>やなんか</u>をやめて来た僕<u>なんだけど</u>、みんな自分で知らないうちにやめ<u>ちまった</u>みたいな感じ<u>なんだな。そいつ</u>がいや<u>なんだよ</u>。悲しい別れでも、いやな別れでも、そんなことはどうだっていい<u>んだ</u>。どこかを去って行くときには、<u>いま自分は去って行くんだってこと</u>を、はっきり意識して去りたい<u>んだな。</u>そうでないと、なおさら気分がよくない<u>もんだぜ</u>。(サリンジャー『ライ麦畑でつかまえて』野崎訳:11)

この例では、大人社会に反発を感じているティーンエイジャーの語り手が、彼らしい「役割語[12]」で全編を語っている。破線部は伝達者である彼自身の思考を「って」という引用句を伴って伝えている。しかし、伝達者である彼が被伝達者となる自己引用であるし、伝達者のディスコースにも彼らしい伝達のムードがあふれているので、これを直接話法と見るのか間接話法と見るのか、区別が困難である。けれども、破線の前の部分「どこかを去って行くときには」とあるように、登場人物としての彼の、〈今・ここ〉の視点から発話されているのではなく、語り手としての彼の視点にたっていると考えることができる。また「僕」ではなく「自分」を使っているところからも間接話法であると言えるだろう。この文が直接話法か間接話法かという区別は、あまり重要な問題ではないが、後の事例分析において小説の中の話法を、何を手がかりに、どのように扱うかという方法論的な意味合いも込めて記しておきたい。3人称の語り手の例を下に挙げる。

(5) 「うちの子だけがどうしてかしらねえ。そちらに似たのかしら」
小学校の入学式から帰ってきた日、優美子が浮き浮きした顔で

いった。彼女によると式の後で光瑠(みつる)の担任になる男性教師に呼び止められ、₂自宅で何か特別な教育を行っておられるのですかと尋ねられたというのだ。

なぜそんなことを教師が訊いたかというと、入学式前に行われた知能テストで、光瑠の成績が新入生全員の中でも群を抜いていたかららしい。

₃特に何もしていないと優美子が答えると、₄では生まれつき抜群に知能が高いんでしょうねえと、その教師はおだてる口調でなく呟いたということだった。

（東野『虹を操る少年』: 31）

この語り手は物語内部に姿を見せない3人称の語り手であって、優美子の夫ではないが、夫にかなり近接して優美子と対峙しているようである。下線部1の引用符内は、夫に対して話している優美子の直接話法として明白に提示されている。下線部2の「自宅で何か特別な教育を行っておられるのですか」は担任の男性教師が生徒の母親である優美子に対して、敬語「おられる」を使用して質問しており、地の文の語り手のディスコースとは異質な口調であり、直接話法であることが分かる。3の「特に何もしていない」は、優美子のそのままの言葉ではなく、語り手の言葉に置き換えられている間接話法である。直接話法なら、息子の担任教師に対してもっと丁寧な言葉遣いで「特に何もしておりませんが」、「特に何もしていないんですよ」などと返答するはずである。4の「では」は、小学校での発話の場で優美子の「特に何もしておりませんが」といったような発話を受けて発した接続詞であるし、「でしょうねえ」は、教師の対人的配慮をあらわす文末表現であるから、4が直接話法であることが分かる。明示的なも

のだけに下線を施したが、他にも「なぜそんなことを教師が訊いたか」も引用の形をとっており、優美子が夫に説明している発話とも、語り手の自己引用とも、あるいは夫が優美子に発した質問ともとれ、読み手は様々な声を想起できる。「入学式前に行われた知能テストで、光瑠の成績が新入生全員の中でも群を抜いていたから」も伝聞を示す助動詞「らしい」を伴い、情報源は教師であることが分かる。また2行目の「彼女によると」以降の「式の後で光瑠の担任になる男性教師に呼び止められ、自宅で何か特別な教育を行っておられるのですかと尋ねられた（というのだ）」は優美子が帰宅して夫に語ったことを、語り手の視点から報告している。下線部4から始まる「では生まれつき抜群に知能が高いんでしょうねえと、その教師はおだてる口調でなく呟いた（ということだった）」の部分も優美子の報告が語り手の間接話法で提示されている。どちらも語り手の言葉で述べられているが、教師の直接話法をディスコース内に含んでいる。さらに、優美子が夫に報告しているイベントタイムより以前の、小学校での優美子と教師の対話は引用符が付されず、教師の発話は直接話法スタイルで、優美子の発話は間接話法で地の文に組み込まれた形をとるという区別がされている。このように、(5) の中だけでも、さまざまな話法性をもったディスコースが複雑に散りばめられ、いろいろな形で「他者の声」が響く重層的な構造が見受けられる。

　また「〜という」のような引用標識がなくとも、その文が登場人物の思考や発話を表す場合がある。日本語の感情・知覚表現が主格に対して人称制限を持つことは広く指摘されてきたが、黒田 (Kuroda, 1973) は「メアリーはさびしい」のように主格選択の制約が崩れても許容される場合を非報告文体（non-reportive style）と呼び、自由間接話法との関連を示唆している。同時に非報告文

体とは内省や引用という観点から特徴付けられるものでなく、もっと一般的な性質をもつように思えるとしている（389-390）。他にも英語の自由間接話法と類似した表現を認め、体験話法（保坂,1977）、共感話法（牧野,1978）、描出表現（野村,2000）の他、混合話法、中間話法など様々な呼び方が使われているが、統一されていない。

　本書では自由間接／直接話法という名称は、英語にのみ使用する。日本語の小説には地の文にあって、しかし明らかに登場人物の言葉と気付かせる話法が頻出する。けれど日本語の場合、人称詞や時制の体系が英語と異なっているため、このような表現に伝達節や引用符がないからといって、英語の話法規則に則って即自由間接話法であるとか自由直接話法であると決めることは妥当ではない。視点の移動に慣れている日本人読者が、終助詞などその登場人物の話し振りを示す言葉遣いから、明らかに登場人物が発話した、あるいは思考したと受け止めて読み進める際には、本書の分析では直接話法と受け止め、直接話法的や直接話法スタイルという呼び方も用いる。語り手の声も同時に聞こえるなど、特に自由間接話法や自由直接話法の機能を果たしていると思われるものについては、その都度説明を加えることとする。

3. 機能的特徴

3.1　英語の話法（リーチとショートの話法分類）

　本書では主に小説の中の話法表現がどのような効果を持つか、またSTとは異なった話法表現に翻訳されたために、どのような差異を生じたかを分析するので、上に挙げたような話法の形態的

特徴を認識した上で、話法の語用論的、文体論的側面に焦点を当て、小説内の話法がどのような機能を備えているのか考えたい。その際、英語小説の話法分類では認知度が高く、影響力も大きいリーチとショートの分類（Leech & Short, 1981）を紹介しながら、話法表現の多様性について述べる。次章ではこの分類の用語を用いて英語小説内の話法を取り上げ、同小説の日本語版ではどのような話法表現が使われているかを調べるが（第5章添付資料参照）、このリーチとショートの分類における問題点にも触れる。

2.2の例（5）で確認したように、日本語の小説にも様々な話法表現の種類があることを見たが、リーチとショートは英語小説の中の話法表現を純粋なナレーション[13]から区別し、語り手の介入度が多い方から、Narrative Report of Speech Act（NRSA：語り手による発話行為の報告）[14]、Indirect Speech（IS：間接話法）、Free Indirect Speech（FIS：自由間接話法、あるいは描出話法）、Direct Speech（DS：直接話法）、Free Direct Speech（FDS：自由直接話法）と分類し、思考表現もこれに準じて、NRTA（Narrator's representation of thought Act）、IT（Indirect Thought）、FIT（Free Indirect Thought）、DT（Direct Thought）、FDT（Free Direct Thought）と並べている。これらの境界ははっきりと線引きができるものばかりではなく、クライン（漸次連続的な変化）と捉えられているが、小説においては語り手が伝達者となり、語り手の介入度が少ないほど作中人物と読者の距離が近付き、直接性が高まることになる。さらにショート他ではNRSA、NRTAよりも語り手介入度の高いNarrator's Representation of Voice（NV）とInternal Narration（NI）を加えている（Short, Semino & Culpeper, 1996）。NVは、何が言われたか、どのような発話行為が行われたかについて詳しく明示しないが、語り手によって何らかの発話

報告が行われる場合で、NI は語り手が登場人物の認知的、感情的経験に焦点を当てて、読者が登場人物の内面の状態や変化を洞察できるようにするものである。下にショート他が示した例文を記しておく（124-125）。

(6) NV: He screwed the receiver close into his ear and sat still while a low voice burred like a bee (Graham Greene, *Brighton Rock*).
(7) NI: Her approval filled the military young man with happiness (Aldous Huxley, *Point Counter Point*).

カテゴリーの数を増やしても境界が曖昧であったり、必ずしもその範疇内で話法表現の種類が収まるとは限らないので、本書では話法の区分やその名称にはさほどこだわらず、必要な時には説明を加えることとする。しかし上記のように話法表現が詳しく分類されるということは、いかに話法表現が多様性に富んでいるかということの証明でもあると言えるだろう。また例(6)(7)のように、語り手が何らかの形で登場人物の発話を報告する場合も、いわゆるナレーションから区別されて多様に名称が付けられていることを思うと、英語の小説の地の文にも登場人物の発話や思考がかなり間接的にではあっても、密接に組み込まれていることが推察できる。ただしその現れ方が、語り手介入度の高い形で出ているので、日本語のように登場人物寄りの話し言葉が入り込むことは少ないと考えられる[15]。

ショート他が小説と新聞紙上の話法表現の語数を定量分析した結果によれば、小説では発話表現が27.3％であったのに対し、新聞では43.7％であった。これは、報道においては発話表現が重要であるのに対し、小説ではナレーションや思考表現が優勢である

ことを物語ると分析できる。さらに、発話表現の中でも、冷静な印象を重んじる通常紙では客観的で要約的な NRSA と IS が好まれ、劇的効果を期待するタブロイド紙では DS（引用符が付いた明示的な直接話法のみを抽出）が多く使われていることが分かった（126-131）。これは各話法表現の機能がテクストの目的に添って有効に選択されていることを示すものである。

リーチとショートによる語り手介入度のクラインは、主に小説における話法表現に関するものであり、後にショート他も指摘しているように、直接話法は元発話が伝達されているというより、作中人物の発話そのものと考える[16]。実際の発話では第3章で検証したように、直接話法といえども伝達者の意図が介入し、元発話の忠実な再現ではありえない。間接話法においても元発話にかなり忠実なものから、要約のように伝達者の介入が大きいものまで一様ではない。例えば David の（8a）のような発話は（8b）や（8c）のように伝達することができる。（8b）はかなり忠実で伝達者の介入は抑えられており、（8c）は伝達者の介入度が高い要約であるが、どちらも間接話法といえる。

(8) a. David said to me after the meeting, "In my opinion, the arguments in favour of radical changes in the curriculum are not convincing."
   b. David said to me after the meeting that in his opinion, the arguments in favour of radical changes in the curriculum were not convincing.
   c. David told me after the meeting that he remained opposed to any radical changes in the curriculum.

(Quirk et al., 1985: 1021)

また小説内の自由間接話法でも、語り手の強烈な皮肉が読み取れ

るときなどは、語り手の介入度がかなり大きいともとれるので、上例の（8b）のような間接話法よりも介入度が小さいとは言い切れず、このクラインが有効ではない場合もある。さらに、クライン上では伝達者の介入が全く無いと位置づけられている自由直接話法にしても、特に口頭の場合には非常に強い皮肉を表すなど、伝達者の介入度が大きい場合もある（山口, 2000）。したがって発話のコンテクストや受け手のコミュニケーション状況を考慮することなく、話法の種類によって単純に伝達者の介入度の大小を決めることには疑問が残る。

3.2 日本語の話法

話法表現が様々な機能を持っており、その効果を発揮していることは、日本語についても言える。例文5でも確認したが、小説の中で使われている話法表現は実に多い。直接話法（スタイル）で提示された場合には、登場人物を間近に感じて、その声を直接聞き取ることができるが、間接話法の場合でも語り手の声の中に、他者の発話や思考を想像することができる。また他者の発話や思考を、伝達者がどう表現するかによって、伝達者が元発話（思考）をどう評価しているかを感じ取ることもできる。たとえば、日本語の引用標識は「と」や「って」だけではなく、「みたいに（な）」「とか」「なんて」「らしい」「そうだ」など実に豊富であり、伝達のコンテクストに応じて緩和、責任転嫁、不確かさ、距離感、強調、軽視、反感などのニュアンスを伝える機能を果たしている[17]。

このように話法表現をとり入れることによって、ディスコースが多元的に解釈される可能性が深まる。砂川（1988）では、引用文が元話者の発話の場と、新しい伝達の場の「二重の場」によっ

て構成されていることから、「場の二重性」を強調した。直接話法にも間接話法にも「二重の場」があるが、前者は二つの場の差異を明示的にし、元話者の発話の場を目の当たりに浮かび上がらせるものと言える。鎌田（1994）は、語用論的観点から直接話法の機能を解明し、それは元話者の発話を忠実に再現することではなく、伝達者の創作によって、伝達者の発話の場に元話者らしさの表れる新たなスタイルを作り出し、劇的効果を作り出すことだとした[18]。

藤田（1995、2000）は引用における再現・提示に引用者の解釈が関与するという表現機構を「話し手投写」と呼び、文法論としての「話法」の問題とは区別して語用論の問題として扱うべきであるとしている。その上で、文法論の枠からはみ出すとした「話法を超える」さまざまな変容現象についても、「社会言語学的な視野をも併せ持って、幅広い記述・考察が推進される必要があるだろう」と述べている。藤田は一貫して「話法」を文法的カテゴリーとして扱っているが、筆者は藤田が言うところの「話法を超えた」「話し手投写」の表現機構をも「話法」として扱い、「翻訳の異化・同化」の問題と共に、「話法の変容・非変容」の問題に考察を加えたい。

廣瀬（1988）は直接話法とは公的表現、つまり言語の伝達的機能に対応する言語表現の引用であり、間接話法とは私的表現、つまり言語の伝達を目的としない思考表現機能に対応する言語表現の引用であるとし、この二つの根本的違いは、前者が聞き手の存在を考慮に入れており、後者は入れていないという点にあると述べている。そうして聞き手志向表現の特徴として、「よ、わ、ね」等の終助詞、「走れ」などの命令表現、「おーい」などの呼びかけ表現、「はい」などの応答表現、丁寧体の助動詞「です、ます、

ございます」などを挙げている。しかし「私的」であるはずの心内発話でも聞き手を頭の中で想定することもあるし、独り言であっても、自分自身を客体化して問いかけることがある。そういう場合、言語の伝達を目的とはしないが聞き手の存在を考慮に入れており、廣瀬が聞き手志向表現の特徴として挙げている終助詞や丁寧体等が現れても自然であるから、「公的」「私的」で話法を区別するのは疑問が残る[19]。小説の地の文に現れて、登場人物の内省を表すような表現は「私的」であるが、直接話法（廣瀬の呼び方では「公的」表現）と思われる表現も多いことを事例研究の中で確認したい。日本語の話法については、見解の相違が多々あるが、終助詞「よ、わ、ね」や「です、ます」がダイクシス変換に影響を受けず、直接話法読みとなることは研究者の間でも一致を見ている。

3.3 複数の「声」

　バフチンは小説の言語を日常言語と対立した美的言語と捉えるのではなく、「具体的な生きた総合体」（Bakhtin, 1984: 181）として捉え、言語はそれを使う人間同士の対話的交流の中でのみ生きていると考えた。バフチンにとって言葉とは、他者との対話的・相互主観的関係の中で構成されるものであり、社会・文化的関係としても現れてくる。抽象的な言語体系を対象とするのではなく、このような対話的関係を対象とする研究は、純粋な言語学の枠を超えたメタ言語学の研究領域であるとバフチンは言う。彼によると、小説の言語を論じるには他者の言葉の伝達、描写、引用、話法の問題を避けて通ることはできなくなる。それは小説の言語を作者自身の言語に一致するものと捉えるモノローグ的なアプローチと対立するものであり、小説の言語表現には登場人物や

語り手だけでなく、他のテクストや、テクストの背景となる社会の「声」が、お互いに関連し、影響しあう複数の視点を代表する「声」が響くとした（Bakhtin, 1984; Vološinov, 1973）。

話法は言語表現の中でも特に「声」の多重性を象徴する操作である。つまり話法では話し手が他人の発話をどのように受けとめ、どのように自分の発話の中に能動的に取り込むか、ということが問題となり、そこでは引用する者、される者という二つの立場からの声が同時に聞こえる。その二つの声の力の均衡によって、どういう話法表現が使われるか選択される。

バフチンは「存在するとは対話的に交流すること」（Bakhtin, 1984: 252）であると述べ、ドストエフスキイの小説の基盤となるのは、人間と人間の相互作用である対話的アプローチであるとしている。そしてその小説をポリフォニー小説と呼び、一つの声では何の決着もつかず、二つの声が存在のための最小必要限度であると指摘する。

彼は言葉のタイプを3つに分類した（*ibid.*: 186-204; バフチン, 1974: 263-295）。ただしこの分類は抽象的であり、現実のコンテクストの中ではダイナミックに変化する。

（第1タイプ）話者（作者）が最終的な意味の主体者として、介在者を経ず直接に指示対象に向かう言葉。単旋律（一つの声）である。
（第2タイプ）描写された客体的な言葉。個人的性格や社会的典型性の強いもの。
（第3タイプ）他者の言葉を反映した言葉（ポリフォニー）。自らの志向性を持ちながら、さらに新しい意味の方向を付け加える。

上の分類のように、第1のタイプは、名付け、情報を与え、表現し、描写する対象に直接向かって、対象が直接理解されることを意図した、単旋律の言葉である。第2タイプは典型的には主人公の直接話法が考えられる。それは指示的意味を持つが、作者の言葉とは異なった視座を提示する。指示的な対象という観点からだけではなく、その言葉自体が特徴的で、典型的で印象的な言葉として方向性を持った対象である。登場人物の言葉は作者の言葉に従属した形として、作者の文脈に現れるが、それぞれの文体は独立しており、主人公の言葉は作者の言葉とは明白に異なったものとして扱われる。それぞれの言葉は直接的に一つの声として響き、これも単旋律の言葉である。第3タイプは一つの言葉に二つの意味の志向性、二つの声がある。この第3タイプは下の①②③の種類に分けられる。

（第3タイプ）
① 様式化、語り手の叙述など一方向性の二つの声。
② パロディやそれに類似した皮肉など多方向性の二つの声。
③ 内に隠された論争や言い訳、逃げ口上、譲歩や対話の応答など他者の言葉の反映。

①については、例えば小説の中で、作者は出来事を見、描写する手段として、一定のスタイルを持つ語り手に物語を進行させる。作者は語り手の言葉を、客体化して示すのでなく、自分と他者の言葉との間の距離を明瞭に感じさせようとする。つまり、語り手の言葉の中に登場人物の言葉がそれらしく提示されていても、語

り手の落とした影が見え、読者は複旋律の言葉（二つの声）を聞くことになるだろう。②では、作者は他者の方向とは正反対の方向性を設定する。他者の言葉の中に移り住んだ第二の声はそこで元の声と敵対的に衝突し、正反対の目的に仕える。また対話におけるエコー発話[20]では、相手の発言に自分の評価を加え、自分のやり方で、疑い、憤り、皮肉、嘲笑、あざけり等の表情を付ける。③においては、他者の言葉は作者の言葉の外にあるが、作者の言葉に外部から能動的に作用し影響する。話者（作者）は多かれ少なかれ、聞き手や読者、批評家を強く意識し、その評価や反駁、意見を予想しているし、他のテクストの言葉やスタイルを受けとめているからである。

バフチンはドストエフスキイの作品では、実に多様な種類やタイプの言葉が使われており、他者の言葉の文体論的意義は莫大であると述べている（*ibid.*: 204）。これは、話し手が他者の発話をどう解釈し、その「声」を自分の発話の中でどう取り入れるのかという問題が、文学表現の重層性に大きな可能性をもたらすことを示唆している。バフチンのいう第3タイプの言葉、ポリフォニーは自由間接話法によっても表すことが可能である。詳細は第6章に譲ることにするが、自由間接話法を使うと語り手と作中人物の二重の声が重なって聞こえたり、地の文から作中人物の言葉へと切れ目を感じずスムーズに読めるという利点がある。

発話がどのように伝達されるかは、伝達者がその発話をどのように解釈して評価しているかに依存する。「彼は〔…〕と賛成した」、「彼女は〔…〕と冷たく言い放った」のように、伝達動詞（あるいはそれに類する動詞）や副詞だけで、伝達者の判断を明示する場合もあれば、直接話法でことさら元話者の言い方を模倣することによって揶揄を表すこともある。或いは、伝達節の無い

自由間接／直接話法によって、言葉では明示しない皮肉やあてこすりを伝える場合もある。

　小説を読む際、読者は上に述べたような様々な声を聞き分けて読みを進めていく。登場人物の声は、話し言葉（spoken language）として書き表され、語り手の声は通常書き言葉（written language）として記される。そうは言っても、小説の言葉は全て文字で書き表されている。あるいは、演説やニュースなどは口頭で伝えられるが、事前に原稿が準備され、書き言葉のように話される。ネット上のチャットでは、相手に話すように文字化を行ってコミュニケーションをする。つまり、音声か文字かといった単純明瞭な区別だけでは済まされない。小説の中の話し言葉というのは、話し言葉の特徴をとらえて、それらしく書かれた言葉である。ここで話し言葉らしさと書き言葉らしさについて触れておきたい。

　オックスは計画されない話し言葉と、計画された書き言葉という区分を行い、それに由来する英語での特徴を挙げた（Ochs, 1979）。例えば、話し言葉にはあまり複雑な従属節などは使われず、短く単純な文型が多い。また左方転移（left-dislocation：名詞句や代名詞が文頭にくる）、省略、繰り返しや発話の場のコンテクストと関連のある言葉遣いが起こりやすいと述べている。これはほとんどが日本語にも当てはまる現象であり、終助詞を始めとして、感動詞や談話標識の機能を有する接続詞、副詞（やっぱり、だって、など）、あいづち、言いよどみ（filler：う〜ん、えぇっと）、聞き手を意識した疑問文や確認文などがマーカーとして挙げられる（森山, 2003）。

　話し言葉が聞き手を意識したものであるのは、日英を問わないが、クランシーは、日本語における両スタイルの差が、英語母語

話者が驚くほど大きいと言う。その理由として、日本語の口頭コミュニケーションが相手への配慮、相互の支持と協力に多大な価値を置くため、話者は相手が理解できたかどうか確かめながら、ゆっくりと区切って情報を伝え、聞き手は自分たちが理解し協力的に参加していることを示す必要があるという社会的認知的要因を挙げ、そのために言語手段が豊富に使われると述べている (Clancy, 1982)。

　チェイフは、話し言葉と書き言葉の構造的特質を断片的 (fragmented) ／統合的 (integrated) と捉え、それらの特質はそれぞれにかかる時間の差から生じるとしている。さらに情報を伝える相手との関係から、感情的かかわり (involvement [21]) と分離 (detachment) という二項対立を挙げ、それぞれのコミュニケーションにふさわしい言語的、あるいは音声的な手段がとられると述べている。例えば、1人称を使ったり、ヘッジ (hedge word：垣根言葉)[22]、ディスコースマーカー (discourse marker：談話標識)[23] を使うのは、感情的かかわりを示すためであり、受動態や名詞化は分離効果を出す (Chafe, 1982)。

　このように考えると、小説内の登場人物の言葉と（一般的な3人称の）語り手の言葉は、話し言葉と書き言葉の対立と見ることができる。本稿では発話や思考が現れる際のこの対立を、音声／文字という媒体の対立としてではなく話法性の違い（直接話法スタイル／間接話法スタイル）として捉え、読者との距離感が近いのか遠いのか (involvement/ detachment) を問題にする。

　小説内で発話の伝達者となるのは語り手である。登場人物の発話や思考が語り手の声で地の文に組み込まれると間接話法となる。引用符付きの直接話法は登場人物による発話（思考）部分として地の文とは区別されるが、日本語の小説の場合は、引用符無

しで地の文の中に登場人物の発話や思考が直接話法スタイルで現れることがある [24]。また地の文でも、語り手が客観的に出来事を報告する部分と、語り手が対話者として主観的なコメントを述べる部分があるのは日英を問わないが、その際話し言葉が現れるのは日本語の方が多い [25]。英語の小説では登場人物の話し言葉と語り手による書き言葉を融合させるのは自由間接話法によるが、3人称過去時制の枠内で行われるので、日本語の場合ほど登場人物の声が顕わになることはごく稀である。

4. 本研究での捉え方

本書では初めに触れたように、話法表現の違いがテクスト全体にどのような影響を与えているか、また日英間のテクストでの話法表現の違いが翻訳にどう表れ、テクストの表現効果にどのような差異を生むかという点を問題にするので、次のような定義を基に以下の議論を展開する。

- 直接話法とは引用された言葉(発話だけでなく思考も)が、伝達者とは明らかに違う元話者の発話らしさ(特徴的な言葉遣いなど)を帯びており、伝達の場とは異なった発話の場を提示する形式である。
- 間接話法は他者の言葉を、伝達者の視点から提示する形式である。意味内容を伝えることが優先され、元話者の発話らしさは消える。

日本語の小説では、特に登場人物の意識を表すような文において

語り手の視点が介入し、ちょうど英語の自由間接話法に相当するようなものも見受けられる。本研究は話法の分類を目的にするものではないので、第5章、第6章で行う訳文分析では、まず登場人物の声を表す直接話法と、語り手の声を表す間接話法という二つの方向性で捉えることから始め、その後第7章において自由間接話法についても考察し、それらの声が対立し、あるいは混ざり合って、読者とどのようなコミュニケーションをとるか、またそれが日英でどのように異なるかということを論じる。

注

(1) Vološinov（1973: 141-159)、バフチン（1989 桑野隆訳）も参照。また、Pascal（1977）も自由間接話法の名称や機能に関して論じている。

(2) パスカル（上掲書）は、自由間接話法という用語がこの話法現象の文法的特質を捉えているのに対し、体験話法という用語は心理的な操作を描写しているものの、この文体の心理的機能を正しく定義していないと述べている。この機能は非常にいりくんで複雑であるから適切な名称を見つけるのは不可能だとした上で、彼自身は文法的特徴を捉えた自由間接話法を使うのが好ましいとした（31)。

(3) Vološinov（1973）はバフチンが仲間であり弟子でもあったボロシノフの名前で執筆したと言う説や、ボロシノフが書いたと言う説、また両者の共著であるとする説もあるが、どちらにせよこの書にはそれ以前からのバフチンの理論が大きく反映されているのは明らかである。本研究では『マルクス主義と言語学』の訳者桑野の説に従い、バフチンの著作と見る。詳細は Vološinov（1973: vii-xii）を参照されたい。

(4) Vandelanotte（2009）は従来の自由間接話法の定義と境界が曖昧であるとして、Free Indirect Speech or Thought（FIST）と Distancing Indirect Speech or Thought（DIST）を区別すべきであるとした。バンデラノッ

トによれば、前者は主に元話者（小説なら登場人物）の視点から感情や対人的な態度などの表現性を強く反映するが、時制や人称詞などの直示は現話者（語り手）が中心となり、二つの視点が融合する。一方後者の DIST では、現話者の視点が強く反映され、元話者の発話や思考と距離をとりながらエコーさせている現話者の態度が、アイロニーなどとなって示されやすい。

(5) なお Semino and Short（2004）ではさらにカテゴリーを細分化して writing presentation を区別し、DW（direct writing）, IW（indirect writing）のように表記したが、これは主にニュース報道などの分析に有効で、小説などには特に必要ではないと述べている（47-49）。

(6) この（213）は（210）の原案であったと言われ、異文として或本に掲げられている（伊藤, 1995: 473）。

(7) 内田（2000）では口頭の近接したコンテクストにおける対話では、聞き手の労力を少なくするようなダイクシス選択が行われることを述べている。

(8) 例えば Ann が "I love him." といった場合、say という中立的な伝達動詞を使って間接話法で言うと、Ann said that she loved/loves him. と現在形・過去形どちらも可能だが、発話時にも愛しているなら、現在形のほうが普通である。しかし whisper のような発話の様態を表す伝達動詞を用いれば、Ann whispered that she loved/*loves him. となり過去形だけが使われる（Salkie and Reed, 1997）。

(9) 伝達節の後に被伝達節が置かれる導入節の場合、被伝達節は伝達動詞の目的語のような形をとるが、挿入節は被伝達節に後置され、統語的・意味的制限が緩やかになるため、より広い範囲の伝達動詞が可能となる。例えば、command, giggle, smile, indicate, lie, protest, sob, tease, warn などは、通常挿入節にのみ生起する。内田（1979）では、伝達動詞と直接引用句の統語的・意味的つながりによって伝達動詞を分類している。Kurihara（1985）は、挿入節に生起する動詞については、意味的・統語的観点のみでなく、発話のコンテクストにおける前提や、情報の焦点がどこに置かれるかなどの、語用論的要因との関わりを考慮すべきであると示唆した。その上で、通常挿入節にのみ生起する動詞は発

話行為に付随する態度や感情、様態、ジェスチャーを表す動詞であって、何らかの非言語コミュニケーションの機能を有する。その点で、eat, drink などの、発話行為に付随しても伝達動詞ではない動詞とは違いがあると説明している。

(10) 詳しくは、藤田（1999）、鎌田（2000: 21-41）を参照されたい。

(11) 英語の話法では 2.1 に示したように 4 種類の話法の形態的特徴を述べたが、その形態的特徴を言語体系の異なる日本語にそのまま当てはめるのは適当ではない。なぜなら、それぞれの話法が果たす機能と形態が、日本語と英語では呼応しないためである。たとえば、日本語の小説の語りに、伝達節のない直接話法スタイルが現れても、多くの場合読者は登場人物の発話（思考も含む）と受け取り、英語の自由直接話法のように語り手の皮肉などを同時に読み取ることは少ない。詳細は本節最終段落や第 7 章を参照されたい。

(12) このような、言語使用者の特定の人物像を思い浮かべさせるような言葉遣いを、金水（2003）は役割語と称している。

(13) Leech & Short（1981）では話法表現（speech representation）を含まない文（sentences of narrative report）を純粋なナレーションとし、NRA（narrative report of action）と呼んでいる。これは「地の文」と訳されるが、「地の文」という用語は厳密な意味を持つ文法的表記ではなく、一般的には、「引用符のついた会話」以外の部分を指す。本書では後者の意味で「地の文」を用い、厳密な区別が必要な際はその都度説明を加える。

(14) 発話行為があったことだけを述べる文。He said, "I'll come back here to see you again tomorrow." は NRSA を用いると、He promised to return. や He promised to visit her again. のように要約的に伝えることができる。Chafe（1994: 212-213）では 'referred-to speech' という用語を使っている。なおこの NRSA を Short, Semino & Culpeper（1996）以降は、Narrator's Representation of Speech Acts としている。

(15) このような詳細な分類やその呼称には本書ではこだわらないが、一般的にはナレーションとみなされる NRSA/NRTA, NV, NI などの文にも、登場人物の発話や思考が組み込まれていると考えれば、日本語に

訳す際に登場人物の「声」として訳す可能性が浮かび上がる。後の章で、NRSA/NRTA の例が直接話法として翻訳されている例を分析する。

(16) Short, M., E. Semino & J. Culpeper（1996: 114）。

　[...], but it should always be born in mind that in fiction (where the study of S&TP began), there never was an anterior discourse situation: the novelist makes it all up.

　（S&TP は speech and thought presentation の略）

(17) 山口（2009: 第3章2.2）では、「と」と「って」の対立について論じ、特に対話では「って」の方が、他人の言葉を自分の言葉と対立的に引用すると述べている。

(18) 英語でもタネン（1989）が直接話法を "constructed dialogue" と呼び、元話者ではなく伝達者の創作であると述べている（第3章注4参照）。

(19) 仁田（1991: 193-199）参照。ただし廣瀬（2002: 723）が Goffman（1981）の speaker roles（animator, author, principal）に関連付けて、話し手の概念が一枚岩でないとしたことは同意できる。本書では小説の語り手が、様々な話し方で物語を進めていく方法を、ゴフマンの概念に当てはめることができる。これに関しては、第6章注3の Koven の取り組みも参照されたい。

(20) バフチンはエコー発話という用語を使っておらず、「対話の中で話し手が相手の断言をオーム返しに繰り返し」（バフチン、1974: 281）としている。エコー発話については山口（2009）第2章を参照されたい。

(21) Tannen（1989: 28-9）によれば、involvement とは話者が発言内容や参与者に対してどのように関わっているか、というメタメッセージであり、聞き手／読者の評価に影響する。Chafe（1982: 46-9）では、involvement を示す表現として、1人称、心的過程を示す語、ヘッジや談話標識、強意語などを挙げている。

(22) ポライトネスのために断定を避ける、発言に含みを持たせる、言葉を探す、埋め込み表現、共有の背景知識確認などに使われる。sort of, kind of, I think, I suppose, などがある。

(23) Schiffrin（1987）の用語。談話中のある部分をその流れの中から切り取って、それを他の部分に関連付ける働きをする言語表現である。

つまり、命題に対する話者の態度・判断などや、会話運営上の動きを表し、聞き手に知らせるものを言い、談話行動に一貫性を与える。oh, well, and, but, or, so, because, I mean, you know や「でも、だから、だって」など。

(24) 池上（1986：69）でも、日本語のテクストでは本来のナレーションの部分と語り手による評価の区別が曖昧になる傾向があり、同じような曖昧さが地の文と登場人物の発話との間で起こることもあると述べて次の例を挙げている。「しかし、ネズミにとっては、ただごとではない。必死でしゃべる。わるぎがあってしたことではない。これは事故のようなものです。こんなことで食われたくない……」本事例研究では直接話法表現が、小説の地の文の中で様々な形をとって現れている例を示す。

(25) 第7章で述べるように、日本語は終助詞など対人的機能を持つ標識が豊富であり、また容易に文末などに付いて話し言葉になりやすい。

― **Tea break 2** ―

言葉あそび

　どの言語にもだじゃれや語呂合わせなど言語形式の側面を生かした表現があり、そういうものこそ翻訳を通さずオリジナルで読まなければ味わいが伝わらない。しかしその困難さを逆手にとって、あえて翻訳に挑ませてみると、言語のメタ的機能の理解を深めることになる。たとえば、下図のような宣伝を翻訳させてみる。

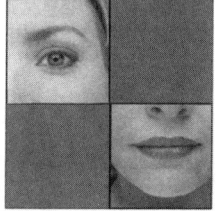

Wake up with your makeup

Wouldn't it be lovely to rise and really shine? MPi clinic can make that happen with permanent makeup. Performed by the best artists with complete medical safety, permanent eyeliner, eyebrows and lipcolor can make mornings a pleasure. Call MPi for a complimentary consultation and learn how to wake up beautifully.

858.452.2909 : 858.452.2697 fax
www.mpiclinic.com

MPi
CLINIC, INC.
Medical Pigmentation
Permanent Cosmetic Makeup

(San Diego Magazine, 2001: 174)

　この "Wake up with your makeup" というキャッチコピーには、wake up/ makeup という語呂合わせがあり、そのリズムの

よさが読む人の心を摑むように作成されている。内容は、アートメイク（眉や唇に刺青のように染色するもの）を施すと、寝起きでもお化粧をしたように美しい表情でいられる、というものである。学生は、意味と形式を同時に変換することの困難さにぶつかり、日本語で同等の効果を出すために様々な工夫をする。その過程で原文テクストの内容を広範な角度から眺め、言語の形式的側面にも留意することになるのである。

英文を読んでいると、この他にも意味の多義性を利用したジョークや脚韻、頭韻、メタファーなど、いろいろな角度から言語を眺める必要のある例に数多く遭遇する。それらを日本語に移そうとすることで、原文テクストの機能や異文化の理解をより深めることは無意味だとは思えない。

上に挙げたキャッチコピーの、Ａ大学翻訳演習の学生が考えた日本語版を紹介すると、「スッピンでもベッピン」、「起床顔は化粧顔」、「ブショー顔でもショープ顔」などがあった。最初は、意味をとることしか考え付かなかった学生も、これを化粧品宣伝のためのキャッチコピーとして翻訳するという目的を与えられて初めて、この原文の持つ言葉遊びが、宣伝という特定のコンテクストにおいて、どのような表現効果を持つのか具体的にしっかりと考えるに至ったのである。

翻訳を練る過程で、学生は楽しみながら言語の色々な機能を学んだ。言葉遊びの他にも、ジョークや詩的言語、メタファーなど、読者の側からの能動的な読み込みが必要なディスコースに直面することは珍しくない。上の宣伝翻訳で行ったような作業を経験しておくと、こういった英文を解釈する際にも応用がきくはずである。

第5章

話法翻訳：事例研究 I　翻訳の手法

1. 翻訳における異化・同化

　翻訳を異文化コミュニケーションと捉えて、STの異質性をそのまま残して異文化の息遣いを味わう異化翻訳と、TT読者の受容状況に合わせて読みやすく変容させる同化翻訳の、様々な伝達状況やストラテジー選択の過程を、第3章では直接話法伝達の変容・非変容の現象と重ね合わせて考察してきた。

　どのストラテジーを採るかは、TT読者の期待や翻訳の目的に拠るが、原則的には使用説明書をユーザー向けに翻訳する場合や、事件そのものを伝えるニュース翻訳のように、手早くSTの情報を伝達することが要求される場合は、同化が効果的なストラテジーとなる。一方、文学テクストはSTの意味内容のみを伝えるだけでなく、表現形式上の特徴を翻訳で再現することにも意義があるため、異化・同化のストラテジーが議論される。この異化・同化の概念は、テクストの様々なレベルでの分析が可能であるが、話法表現をいかに翻訳するかということは、視点・語り・時制の問題と関わりながら、テクスト全体のスタイルに大きく影響を及ぼし、読者の印象を左右すると考えられる。このことを踏まえ、本章では英語の小説内の様々な話法表現や時には地の文が、日本語訳でどういう話法表現に訳されているかに着目する。

2. 小説の中の話法

2.1 語り手の声と登場人物の声

　第4章の3.1で紹介したように、リーチとショートは語り手の介入度による話法分類を行った。NRSA/NRTA →間接話法→自由間接話法→直接話法→自由直接話法、といったクラインで語り手の介入度が弱まり作中人物の直接の声が聞こえるということである。本書で取り上げるのは、小説の中の話法であり、ショート他も指摘しているように、直接話法は登場人物の発話そのものと考える[1]。左端のNRSA/NRTAは何らかの発話（思考）行為があったことだけを語り手が伝えるというものなので、一般的にはナレーションと区別しないことが多いが[2]、読者は読みながら、文面には現れていない登場人物の声や意識を想像することもできる。しかし、その度合いは上のクラインの右方の話法に比べるとかなり低い。反対に右端の自由直接話法では、伝達節や引用符がないので、誰が話したかということを語り手が告げることもなく、いきなり登場人物の声だけが聞こえるのだから、語り手の介入度が最も少ないとされている。しかし、読者が読みを進める過程で、語り手がなぜ登場人物の声だけをクローズアップしたのだろうか、と考えると、そこに皮肉を感じたり、またなぜ発話者を明示しなかったのか、曖昧にして読者を混乱させる意図があったのか、など語り手の存在をかえって強く感じてしまうこともある。こういった微妙な声のかけひきの問題はあとの第7章で問題にするが、話法表現を考える時には、つねに、その話法表現の前後にある発話のコンテクストとのつながりで考える必要がある。

　このリーチとショートの話法分類が日本語の話法にそのまま対応するわけではなく、日本語では従属節内の時制や人称の表れ方

よりも、モダリティを表わす終助詞の存在が発話らしさを決定する大きな役割を担っていると言えよう[3]。第4章第4節で述べたように、本書における日本語の直接話法の基準は、引用された言葉や思考が元話者の発話らしさを帯びており、伝達の場から独立していることとする。元話者の発話らしさは、「よ、わ、ね、です、ます」の他、元話者の態度や感情のにじみ出た語句・口調によって創られる。このような発話らしさが、元話者が眼前で話しているという臨場感を高め、聞き手／読者の感情移入を容易にするのである。直接話法では人称・時間・場所に関するダイクシスは原則的に元話者の視点であるが、丁寧表現や待遇表現などの社会的ダイクシスは、新しい伝達の場で伝達者により再調整を受ける。一方、間接話法は主文に埋め込まれたものであり、引用句内のダイクシスを伝達の場に適合させ、元話者の発話らしさは抑えられる。

　さらに日本語の場合、主語の省略や、時制の表れ方が英語とは異なるため、自由間接話法と自由直接話法の区別がつきにくい場合も多い。小説内では意識の描写として、伝達節を持たず、登場人物の視点だが整然とした語り手口調で、登場人物の発話らしさが感じられない表現があり、それらは英語の自由間接話法に呼応する日本語の話法と言える[4]。英語小説内の発話を表わす自由間接話法の日本語訳は直接話法で対応する例が多い。自由直接話法が口頭の会話に表れると、韻律効果を生かして、揶揄、皮肉等のパロディー効果が発揮されるが[5]、日本語でも先に誰の発話か分かるようにして場作りをしておいてから、その人らしさを出した発話で笑いをとるといった形が、娯楽番組等によく現われる。英語の小説内の自由直接話法は、会話をスピーディに進めたり、自由間接話法との対比で登場人物の意識を表わすのに使わ

第5章　話法翻訳：事例研究Ⅰ　　119

れたりする。ただし日本語の場合、主語が形式上明示されないことは珍しくないので、伝達節がないからといって必ずしも自由間接・自由直接話法と同様な効果を持つとは限らない。

ショート他の行った話法表現の定量分析において、新聞を通常紙（broadsheets）とタブロイド紙（tabloids）に分け、単語総数に対する各々のカテゴリーの単語数を比較すると、通常紙の発話表現の FDS は 0.92%、DS は 11.75%、IS は 14.05%、NRSA は 13.18% であるのに対し、タブロイド紙では FDS は 1.91%、DS は 24.34%、IS は 6.98%、NRSA は 9.40% という結果が出た[6]。これは通常紙が冷静でバランスのとれた印象を大事にするため、最も劇的でない NRSA や IS が好まれ、反対にタブロイド紙で DS が多いのは、生き生きと劇的に訴える効果を期待するためであろうと分析している。

2.2　小説内の声や思考が翻訳されるとき

2.2.1　分析の方法

このように話法表現にはそれぞれの機能があり、場によってふさわしい表現が使われているはずだが、日英間の翻訳においてはどう置き換えられているだろう。実際に英語の小説 'A small, good thing'（Carver, 1983）内の話法表現が、その日本語訳（村上, 1989）でどのように訳されているか調査して分析する。日英間における話法表現の現われ方の違いを確認することが目的であるので、分析の方法は例えば ST の直接話法が TT でも直接話法というように、両テクストで同じカテゴリーの話法表現が使われているものは取り上げず、ST では間接話法の文が TT では直接話法で訳されているなど、カテゴリー分類上特徴的な変化が顕著なもののみ文単位で示す。換言すると、語り手の介入度が明らかに

高くなったり、低くなったりして変化している場合のみカウントする。なお、詳細な例文の資料は章末に付す。英語の自由間接話法に対応して、直接話法のように登場人物の視点を表してはいるが、話者らしさが表れず語り手との区別が曖昧な文が何例か使われているが、語り手介入度に変化が見られない場合は、カウントしていない[7]。ただし、人称や直示語や副詞の使い方などで、話者らしさに少しでも変化が見られれば、カウントした。リーチとショートも認めるように、テクスト内の話法分類は必ずしも明確にできない場合も多いが、本章での比較の目的は、日英間の翻訳によって、話法表現の直接性が増した（登場人物の声が大）のか、間接性が増した（語り手の声が大）のかを問題とするので、その点が結果として明らかになるよう分析する。上述したように、日本語の話法を英語に倣って、自由間接話法/直接話法やNRSA/NRTAと決定することに疑問があるため、直接話法、間接話法、地の文という大きなカテゴリーに分け、その中で直接性／間接性の度合いを比較していく。

2.2.2 分析の結果

　上記の方法で日英両テクストの話法表現を調査すると次ページの表1のような結果が得られた。

　日本語に訳された際、直接話法の数が増えているのが分かる（直接話法よりも語り手寄りの話法カテゴリーから直接話法に変化した文が27例）。また1例がNRSAから間接話法に変化している。STで直接話法が使われている文が、TTでより間接性の高い文に変化している例は無かった。つまり日本語訳の方が登場人物に近接した表現が多くなった（リーチとショートのクラインでいえば変化は全て右方向への移動であった）。これはTTを分か

ST（英語）	→	TT（日本語訳）	［変化した文］
間接話法	→	直接話法	[8]
自由間接話法	→	直接話法	[13]
NRSA/NRTA	→	直接話法	[5]
NRA [8]	→	直接話法	[1]
NRSA	→	間接話法	[1]
直接話法	→	間接話法	[0]
直接話法	→	ナレーション	[0]

表1　翻訳に際しての話法表現の変化　＜英→日＞

ST（日本語）	→	TT（英語訳）	［変化した文］
直接話法	→	間接話法	[8]
直接話法	→	自由間接話法	[1]
直接話法	→	NRA	[2]
直接話法	→	NRSA	[1]
間接話法	→	NRA	[1]
間接話法やナレーション	→	直接話法	[0]

表2　翻訳に際しての話法表現の変化　＜日→英＞

りやすくするための翻訳につきものの操作であろうか。もしそうであるなら、反対方向の日→英翻訳においても TT の直接話法が ST より増えているはずである。そこで日本語の小説『谷』（古井, 1981）が英語訳（McKinney, 1997）された際の話法の変化を、上記と同様に調査分析した（表2）。この作品は1人称であり、英語版の方でも語り手である主人公の心内の思考が多く描出され

ている。その語り手とも登場人物とも区別のつかない声の描写が日英でかなり緊密に対応しているため、話法表現の変化している例の数はさほど多くなかった。しかし表2にあるように、表1の比較とは逆方向への移動が確認された。

　この結果からSTの直接話法の12例が、TTである英語訳ではより間接性の高い話法表現及び地の文に変化していることが分かる（STで引用符付きの直接話法はTTでもすべて同様の形態に訳されていた）。リーチとショートのクラインで言えば、左方向への移動である。2作品からの比較ではあるが、日英間翻訳では、小説を日本語に翻訳した場合は直接話法表現が増え、英語への翻訳では直接話法表現が減るという結果が得られた。これは、日英それぞれの母語話者に好まれるコミュニケーションの特徴を反映していると考えられ、日本語の小説は英語の小説より直接話法表現が多いという仮説がたてられる。

　上の結果を言語的特徴から考察しよう。日本語はナル的言語であり（池上, 1981）、英語が動作主としての人を全面的に出す'person-focus'であるのに対して、場面の状況を重視する'situation-focus'（Hinds, 1986）であると指摘されている。状況に焦点を当てた結果、行為の動作主である人が姿を隠すことになったり、動作主としての人がゼロ代名詞化[9]されることも多い。それが視点移行の容易さの一因であるとも考えられる[10]。また一方では日本語には対人関係を顧慮した終助詞や丁寧表現など社会言語学的要素を含んだ表現が多く、それらが付加されると直接話法読みとなる。サイデンステッカーと安西（1983: 85）も、日本語は「報告者としての客観的な視点を貫くのではなく［…］、発言した人の立場に一体化して、その人の視点から、あたかも当人が今現に話しているかのような報告の仕方をするのである」と日本語

のコミュニケーションに直接話法的表現が多いことを指摘している。一般に日本語のテクストでは、過去形と現在形が頻繁に交代し、それが日本文の自然な流れやリズムを作っているといわれるが[11]、直接話法を使用して登場人物の視点へと移行することは、地の文の過去時制の中に現在時制を持ち込む手法の一つともいえる。もっとも英語でも、自由間接話法によって語り手から作中人物への視点移行が起こり得るが、人称代名詞・時制が語り手視点で表されるため、日本文の方が直接性の高い表現になることが多い。話法表現の差異に関わる言語的、コミュニケーション的な裏づけは、後の章に譲ることにするが、言語やコミュニケーションに関して一般的に言われている特徴と、上記分析の結果から導いた仮説が一致するのであれば、これがある程度一般的な傾向であるとみることができるだろう。そこで話法表現について異化・同化の基準をつぎのように整理する。

同化：ST（英語）で語り手の視点から客観的に述べられた地の文（NRSA/NRTAを含む）や間接話法、自由間接話法が、TT（日本語）では登場人物の視点で直接話法として表出されているなら、それは日本語の小説におけるコミュニケーションの主流規範に則った同化である。

異化：ST（英語）の直接話法や自由間接話法がTT（日本語）では間接話法や地の文として表出されていれば異化である。

くわえて、ST（英語）の間接性のある表現が同じ間接性のある話法カテゴリーで和訳されていても、読者には馴染みが薄く、異化の方向に感じられる。言い換えると、英文の3人称過去時制の語り手の視点に固定して、作中人物と距離を保ち、間接的に訳

出すれば、それはいわゆる翻訳調の文体を生む結果となるであろう[12]。次節では、これらの概念を前提にして、話法に関する表現の分析と、それがテクストにどういう効果をもたらしているかを考察したい。

3. 話法に関わる翻訳の訳文分析

本稿では英語 ST と日本語 TT 間における、語り手と作中人物との距離感の相違、またそれによる読者の受け取り方の相違を問題にするので、話法全体をクラインと捉え、英語の各々の話法表現が日本語の TT では直接話法と間接話法のどちらの極に近い形で訳されているかを分析する。またこの訳文分析は、翻訳の巧拙や誤訳を批判するものではなく、異化・同化の理論に照らして、どのようなストラテジーが使われ、それが TT の文脈の中でどういう効果を発揮しているか、あるいは、そのために何が失われているかを検証するものである。

(1) 〜 (4) は 'A small, good thing'（Carver, 1983）からの抜粋である。

(1)a. He kept his eyes down on the photographs and let her talk. <u>He'd just come to work and he'd be there all night, baking, and he was in no real hurry.</u> (59-60)

下線部は、形式上は語り手の報告とも考えられるが、彼女にしゃべらせておいてもよいだろう、と彼が心の中で思った理由が述べられており、自由間接話法とも考えられる。どちらにせよ、語り

手の視点がかなり感じられる。これをもし語り手の視点に固定して訳すと、「彼は仕事に来たばかりだったし、そこで一晩パンを焼くはずだった。だから実際急いではいなかったのだ」となる。TTでは次のようにパン屋の視点から、彼の意識として直接話法的に訳されている。

(1)b. そして見本帳の写真に目をやったまま、女にずっと喋らせておいた。<u>仕事は始まったばかりだったし、どうせ一晩そこでパンを焼くことになるのだ。何も急ぐことはない。</u>（村上訳：99）

「どうせ〜なるのだ」や「何も〜ない」という表現がパン屋の感情を表しており、「そこ」は語り手視点ではあるが、全体として、どちらかというと直接話法的に訳されている。

(2)a. There must be that between them, she thought. <u>But</u> he was abrupt with her – not rude, just abrupt. She gave up trying to make friends with him.　(60)
　b. 私達の間にはそういう共通項があるはずなのだと。<u>なのにこの人</u>はつっけんどんだ——無礼というのではないが、つっけんどんだ。<u>この人</u>とは仲良くなれそうにもない<u>な</u>、と彼女は諦めた。（村上訳：100）
　c. 彼らの間にはそういう共通項があるはずだと、彼女は思った。しかし彼はつっけんどんだった——無礼というのではないが、ただつっけんどんだった。彼女はパン屋と仲良くなろうとするのをあきらめた。（語り手視点に固定した逐語訳）

(2a) の 2 文目は自由間接話法だが、(2b) では「なのに」「この人」が登場人物の視点を表す直接話法的な訳となっており、地の文 She gave up 〜 の方は、直接話法に替えられている。

(3) a. The baker finished printing the information on the special order card and closed up the binder. He looked at her and said, "Monday morning." <u>She thanked him</u> and drove home. (60)
  b. パン屋は特別オーダーのカードに注文を書きつけ、バインダーを閉じた。彼は彼女を見て「月曜の朝に」と言った。<u>彼女はじゃあお願いしますと言って</u>家に帰った。(村上訳：100)

これは、彼女がケーキの注文を済ませて、帰宅するところだが、(3a) の下線部 (NRSA) は She said, "Thank you." に匹敵する発話行為を読み取ることができるので、直接話法に替えて訳す可能性が出てくる。また英語の "Thank you" がいつでも「ありがとう」に対応しないことから (3b) のような訳が導きだされる。これを「彼女は感謝して」や「彼女は礼を述べて」と直訳してしまうと、彼女がパン屋を不快に思っているというコンテクストに合わない文になる。

(4) a. He wouldn't answer when his friend <u>asked him what it felt like to be hit by a car</u>. (61)
  b. もう一人の少年が、<u>車にはねられるのってどんな感じだいと訊いて</u>も、返事もしなかった。(村上訳：101)

(4) では間接話法を少年らしい口調の直接話法で訳している。
　次に 1 人称語りの *Mama, I Love You*（Saroyan, 1956）からの例

も見てみよう。

(5) a. She didn't say a word. She just went back to bed. I went in and closed the door after me and went to her <u>and said I was sorry and she said I shouldn't have gone off and that I had scared her half to death, and would I please lift the telephone and ask for the manager and tell him I wasn't lost any more but back in 2109 with my mother,</u> which I did. (31)

b. ママは一言もいわなかった。そのままベッドへもどってしまった。あたしは部屋へ入ってドアをしめ、ママのところへ行って、<u>ごめんなさい、といった。ママは、勝手に出て行っちゃだめよ、死ぬほど心配したわ、すぐ支配人さんに電話をかけなさい、もう迷子じゃなくて、2109号室にもどってママと一緒にいるって、といった。</u>あたしはいわれたとおりにした。（岸田他訳：45）

下線部 would I please 以下は直接話法の文構造を残す等、自由間接話法と考えられるが、前半は間接話法である。もっともこの小説は少女が語り手なので、間接話法でも語り手である少女の話者性がある程度表れている。英語なら and の連続による単純な構文の繰り返しや、日本語での人称詞などがその特徴である。(5a) においてはその特徴がずっと持続するが、(5b) では母親らしい口調の直接話法で訳されている。

この二つのテクストにおいては、話法表現が同化的に訳されており、日本人に馴染みやすいスタイルになっている。次に *Charlotte's Web* (White, 1952) からの例 (6)~(9) を見る。

(6) a. And if he was very tired, he would close his eyes and go to sleep under the doll's blanket. <u>He looked cute when his eyes were closed, because his lashes were so long.</u> (10) (he は Wilber を指す。)

b. そしてもっともっとくたびれたときには、ウィルバーは目をつぶって、お人形の毛布の下にもぐってねてしまいました。<u>ウィルバーは長いまつ毛をしているので、目をつぶったところがたいへんかわいらしく見えました。</u>(鈴木訳：12)

破線部 cute, so は、語り手の語彙ではない女性言葉で、ファーン（ウィルバーを世話している女の子）の視点が入る自由間接話法である。(6b) では子供読者を意識して全体的にやさしい丁寧な言葉遣いにはなっているが、その自由間接話法を地の文として訳しており、異化訳と分析できる。英文の形にだけ忠実に地の文として客観的に訳すより、ファーンの視点で「ウィルバーって目をつぶったらかわいいわ、だってまつ毛がすごく長いんですもの」と直接話法に訳した方が、子供読者も共感を持ちやすく、自由間接話法が使用された ST の意図も伝わるのではないだろうか。

(7) a. As he stood there, he <u>noticed</u> something move. He stepped closer and <u>stared.</u> <u>A tiny spider crawled from the sac. It was no bigger than a grain of sand, no bigger than the head of a pin. Its body was grey with a black stripe underneath. Its legs were grey and tan. It looked just like Charlotte.</u> (177)

b. ちょうど、そうして立っている時に、何だかうごくものがあるのに気がつきまし<u>た</u>。彼は、そばへ行って、じっと見まし<u>た</u>。<u>小さなクモがふくろのなかからはい出してきました</u>。<u>砂のつぶか、虫ピンの頭ほどしかありませんでした</u>。からだは

第 5 章 話法翻訳：事例研究 I 129

灰色で、下のほうに黒いしまがありました。足は、灰色と、白茶色でシャーロットにそっくりでした。(鈴木訳：213-214)

c. そこに立っていると、何かがうごくのでそばにいってみた。ちっちゃなクモがふくろの中からはいだしてくる。砂つぶか虫ピンの頭くらいしかない。からだは灰色で下のほうが黒いしま、足は灰色とおうど色だ。シャーロットそっくりだ、とウィルバーは目を見張った。(試訳) (13)

(7a) の破線部 noticed, stared が、自由間接話法導入のマーカーになっており、次の文章がウィルバーの心内語である事が察せられる。(7b) では語り手視点のままで訳されているが、ウィルバーの視点で訳すと (7c) のようになり、「〜た」の反復も (7b) の6回から (7c) では2回に減っている。普通日本語の小説においては、論理の明快さを際立たせたり強調する場合を除けば、「〜た」の反復は避けられる。柳父章 (1981) は、元々「〜た」は西欧文のテンスの翻訳に必要な文体として作られていったもので、言文一致の動きとともによく使われるようになったと記している。そして英語的なテンスに従って、「〜た」が過去形として使われても、それは英文和訳上の約束ということである。実際の日本語では「時」の表現法や考え方が、英語とは違っている。日本文での「時」は客観的な時間の表現ではなく、発言者の主体的立場と切り離せない。日本語的な時の語感では、発言者はその発言した時点に移動することができる。そうなると、続く文では発言者は既にそこに移っていて、現在時制で発言することになると説明している。

英語 ST の過去時制は日本語 TT では過去の「た」、完了アスペクトの「た」、現在の「る」のいずれかで訳されることになる。

上にあげた訳例から、翻訳に際して話法や視点を変えることによって現在時制の文が生まれ、従って「〜た」文が減るという事実が確認された。鈴木訳は ST の地の文に関しては、自由間接話法や、知覚・思考動詞の使用によって、作中人物の視点を反映している場合でも形式上異化訳を取り入れ、語り手視点による客観的な提示の仕方をとっている。

(8) a. <u>Wilber admired the way Charlotte managed.</u> He was particularly glad that she always put her victim to sleep before eating it. (48)
   b. <u>ウィルバーは、シャーロットのものごとのやり方に感心しました</u>。特に彼がうれしく感じたのは、シャーロットは、あみにひっかかった虫たちを食べる時に、かならず、ねむらせてでなければ、けっして食べないということでした。(鈴木訳：58)

下線部は NRTA とみられ、「シャーロットの虫の取り方ってすごいなあ、とウィルバーは感心した」と直接話法表現を用いて訳すことが可能である。その後の文も「えものを眠らせてからでないと絶対食べないなんて、最高だよ」と続けると、ウィルバーに感情移入しやすい。別の訳では下線部は「ウィルバーは、シャーロットのやり方はすばらしいと思いました」[14]のように話法表現で訳されているため、鈴木訳よりは距離感を感じない。

(9) a. Wilber liked Charlotte better and better each day. Her campaign against insects <u>seemed</u> sensible and useful. Hardly anybody around the farm had a good word to say for a fly. Flies spent their time pestering others. The cows hated them. The horses detested them.

第 5 章 話法翻訳：事例研究 I

The sheep loathed them. Mr. and Mrs. Zuckerman <u>were always complaining</u> about them, and <u>putting up</u> screens.（48）

b. ウィルバーは、日がたつにつれて、だんだんシャーロットがすきになりました。彼女のたたかっている、虫との戦争は、理くつにあっていて、なかなか役にたつものだと<u>思うようになりました。</u>この畑の近所にいるもので、ハエのことをよくいう者はほとんどいませんでした。ハエたちは、人びとをなやませるのがしょうばいでした。牝牛たちは、ハエがきらいでした。馬は、彼らを、けいべつしました。羊も、彼らが、だいきらいでした。ザッカーマンのおじさんとおばさんは、いつも、ハエのことをブーブーいっていました。そして、とうとう窓にあみ戸をつけました。(鈴木訳：58)

2文目の思考動詞 seemed が自由間接話法導入のマーカーとなっており、ウィルバーの思考が描出されていると考えられる。さらに、最後の文の進行形からも、ザッカーマン夫婦がいつも文句を言い、ついに網戸をつけたのを実際に見聞しているウィルバーの視点が感じられる[15]ので、これらの文が自由間接話法であることが窺える。鈴木訳は seemed については「思うようになりました」とウィルバーの視点を反映しているが、後に続く部分はやはり3人称過去時制の語り手視点で統一されている。ウィルバーの視点から次のように訳す事も可能である。

(9)c. 日がたつにつれて、ウィルバーはますますシャーロットが好きになってきた。シャーロットの言う害虫退治も理屈にあってるし、役に立つものなんだ。農場のみんなは、ほとんど虫のことをよく言わないし。ハエは一日中みんなをいやがらせ

ている。牝牛はハエがきらい。馬もハエが大きらい。羊なんかたまらなくきらいだもの。ザッカーマンのおじさんとおばさんは、いつもハエの事で文句を言って、あみ戸をつけたんだから。(試訳)

　以上の分析から明らかなように、村上訳、岸田他訳では話法表現は同化的に訳されており、鈴木訳では異化的に訳されている。日本人のコミュニケーションに即して直接話法表現を多く取り入れた同化訳では、作中人物との距離が近くなるため、読者は同じ視座から事態を見て自らも同じような体験をしたと感じるため共感が生まれやすい。反対に、語り手視点による異化訳では、作中人物との距離が遠く感じられる。

4. 結び

　この翻訳比較から、英日翻訳では話法の同化訳、即ち直接話法表現を使うと、共感を得やすく、この手法は児童書のみでなく一般的な小説に適していると言えよう。これは日本語のコミュニケーションにある直接体験的な受け取り方への志向性の反映である[16]。しかし、客観的で抑制の効いたSTの印象が、直接話法を多く用いることによって、作中人物の人間性が色濃く表れ、主観的に距離が近くなりすぎてしまうという点は否定できない。日本語の文章に多用されるオノマトペも、構造・機能の点で直接話法と共通点が多いことも指摘しておきたい[17]。英語ではオノマトペは漫画や児童書以外にはあまり用いられず、多用すると文章の格調が低くなるとさえ言われていることとも関連性が見てとれ

る。反対に、英文の間接的な文体を同様に間接的に和訳すると異化的となり、子供はもちろん、一般読者にとっては共感しにくく、距離感を感じさせると考えられる。鈴木訳は1973年出版ということで、当時のTT読者と現代のTT読者のコンテクストギャップも、読みにくさの要因になっていると推察できるが、子供読者を意識した平易な語彙を選んでいるにもかかわらず、読みにくさを否めないのは、話法の異化訳に一因があると思われる。

カタカナ語や日英双方で類似の連想を呼ぶような慣用表現の異化訳は、日本語の新しい表現の地平を開くものだろう[18]。しかし話法レベルでの異化は、読みにくさを感じさせる。語彙レベルで異化訳を行って異質性を取り込んでも、話法レベルが同化訳されていれば、コミュニケーションを損なうことなく他レベルでの異化効果を味わうことが可能であろう。

注

(1) 第4章の注16参照。
(2) 特に日本語テクストの場合は、英語と同じようにNRSA/NRTAを適用するのは適当でないので、本書の分析の中でも、語り手のディスコースすべてを地の文とする。
(3) 日本語の文は命題(言表事態)とモダリティ(言表態度)の二つの層に分けられる。モダリティは命題をめぐっての話し手の捉え方、およびそれらについての話し手の発話・伝達態度のあり方を表した部分である。さらにモダリティは、発話・伝達のモダリティと命題目当てのモダリティとに分かれ、前者によって文は伝達の機能を果たす(森山・仁田・工藤, 2000: 81-2)。中でも、「よ、わ、ね」等の終助詞や丁

寧の「です、ます」は引用に際してダイクシス変換の影響を受けず、直接話法読みとなる。
(4) 遠藤周作（1962）『おバカさん』から例を引く。
　　ガストンはそうした人間のため何かをしたかった。不器用は不器用なりに、のろまはのろまなりになにかをしたかった。だが彼はナポレオンをつれて歩く以外、なにもできぬ外国人だった。(122)
「ガストン」「彼」や過去時制は語り手視点であるが、ガストンの意識の描写である。
(5) 第3章4.2の例(7)参照。自由直接話法の機能については山口（2000）を参照されたい。
(6) Short, M., E. Semino & J. Culpeper (1996: 110-131)。ショート他が直接話法の基準としたのは、主に伝達節があり、引用符で区切られているということで、それに加えて元話者の発話時と場所で語られているかどうかにも留意した。本研究で問題にしているのは、主に引用符で区切られていない、地の文に現れる直接話法スタイルの発話が日本語に多く、それが英語の小説との差異を生み出しているということであるから、ショートらのコーパスの数字と直接比較することはできない。しかし機能によって話法表現が使い分けられている事実が確認できたという点は着目できる。
(7) 添付資料のi～ix参照。たとえば、iは順風満帆の人生を送ってきた彼が、息子の交通事故という突然の不幸にあって、頭の中に広がる不安が描写されている。STでは4文のところがTTでは10文に訳されている。STは全て自由間接話法と考えられ、彼自身の声とも、語り手が外から彼の様子を報告しているともとれる。TTは「彼」の使用が、語り手の視点を感じさせるが、彼の思考であることは明らかであり、効果の面でSTのFITと同じと考えられるため、カウントしない。このような日本文は、直接話法式の訳と比較すると、登場人物に付きすぎず、微妙な二重の声を描出して、自由間接話法の和訳に相当すると思われる。このことについては章を改め、第7章で詳しく述べる。
(8) 話法（思考）表現を全く含まない純粋なナレーション。なお日本語

のテクストでは、話法表現の変化したものの中に NRSA/NATA/NRA の項目に該当する例があがってこないので、厳密に分けず、NRSA/NATA/NRA をナレーションとまとめる。

(9) 日本語の文章では談話のつながりから主語が明らかな時には、語彙的に明示しないことが多い。これを主語の省略と表す考えもあるが、本書では秋月（1999）に倣ってゼロ代名詞と呼ぶ。

(10) 上掲書『おバカさん』から例を引く。第1, 2文は語り手視点の地の文だが、第3文は作中人物（隆盛）の視点と考えられる。

> 作戦は見事に当たって、女子大を卒業するとイタリア人の貿易会社から、女の子には思いがけぬ二万円の給料で採用された。もっとも外人会社の常でボーナスこそないが、一サラリーマンの隆盛の給料などより、はるかに上まわっている。
> 経済力一つとっても、どうも妹には頭が上がらない。(6-7)

(11) 吉田・クラフト（1984）。

(12) 英文においても、口頭の対話や語りの場合は時制の一致規則が適用されないことも多く、いわゆる歴史的現在も見られる。Salkie & Reed (1997) では従属節内の時制を語用論の観点から捉え、統語論的に時制の一致規則を説くコムリ（Comrie）や相対時制の概念を導入して時制の一致を意味論的に説く Declerck (1991) に反論している。しかし小説内では視点が一定で、過去時制に推移するものが多い。またハンブルガー（1986）は3人称小説内の過去時制は叙事的過去であり、過去性を示す機能が無く、文法形態だけを保持すると主張しており、工藤（1995）も、語りのテクストの過去形（シタ形式）は、過去というダイクティックな現実時間を表さず、非現実時間として機能すると述べている。このように英語等でも時制が主観的な意識と関わりあうことが指摘されているが、特に書記テクストにおいて、形態的には過去形を提示し、歴史的現在の使用も定動詞の30％までが普通であり、日本語テクストにおける現在・過去の交換の比ではない。

(13) 試訳では常体を使ったが、鈴木訳が丁寧体を使っている事も、客観的な語り手の視点から作中人物の意識への切り替えをしにくくしているのではないだろうか。

(14) さくまゆみこ訳（2000: 63）。
(15) 山岡（2001: 60）でも、進行形を含む文では、登場人物の目から今まさに見ている状況が示されると説明している。
(16) 池上（2000: 295-297）でも、臨場者、体験者としての語りの方が日本語の話し手の感覚に合うと指摘している。
(17) 藤田（1988, 1999）、鎌田（1988）、牧野（1980）。
(18) 語句レベルの異化が受け入れやすいことについては、伊原（2000）並びに第3章注9を参照。

添付資料

紙面の関係上、翻訳に際しての話法表現の変化1〈英→日〉（2.2.2）のデータのみ添付する。
ST: Carver（1983）. 'A small, good thing'
TT: 村上（1989）.「ささやかだけれど、役に立つこと」

1	59	The baker, […], listened without saying anything when <u>she told him the child would be eight years old next Monday.</u>	IS
	99	来週の月曜日でスコッティーは八つになるんです、と<u>母親が言っても、</u>	DS
2	60	He'd just come to work and he'd be there all night, baking, and he was in no real hurry.	FIT
	99	仕事は始まったばかりだったし、<u>どうせ一晩そこで</u>パンを焼く事になるのだ。何も急ぐことはない。	DT
3	60	<u>She gave the baker her name, Ann Weiss</u>, and her telephone number.	NRSA
	99	彼女は<u>自分はアン・ワイスという名前だと言った。</u>そして電話番号も教えた。	IS

4	60	The cake would be ready on Monday morning, just out of the oven, in plenty of time for the child's party that afternoon.	FIS
	99	ケーキは月曜日の朝にはちゃんと焼きあがります。月曜の午後のパーティまでにはたっぷり時間の余裕がありますよ。	DS
5	60	① There must be that between them, she thought.	FIT
6		② But he was abrupt with her — not rude, just abrupt.	FIT
7		③ She gave up trying to make friends with him.	NRTA
	100	① 私たちの間にはそういう共通項があるはずなのだと。	DT
		② なのにこの人はつっけんどんだ——無礼というのではないが、つっけんどんだ。	DT
		③ この人とは仲良くなれそうもないな、と彼女は諦めた。	DT
8	60	She thanked him and drove home.	NRSA
	100	彼女は<u>じゃあお願いします</u>と言って家に帰った。	DS
9	61	He wouldn't answer when his friend <u>asked him what it felt like to be hit by a car.</u>	IS
	101	もう一人の少年が、<u>車にはねられるのってどんな感じだい</u>と訊いても、返事もしなかった。	DS
10	61	Howard told her to <u>remain calm, remain calm,</u> and then […]	IS（DS風）
	101	ハワードは彼女に<u>いいかい落ち着くんだ、落ち着くんだよ</u>、と言った。	DS
11	61	Now he simply <u>seemed</u> to be in a very deep sleep — but no coma, Dr.Francis had emphasized, no coma, when he saw the alarm in the parents' eyes.	FIS（医師の声）
	101	子供はただぐっすりと眠りこんでいるように見えた。しかしそれは昏睡ではない。両親の目のなかに<u>もしや</u>という不安の色を読み取って、<u>昏睡ではありませんよ</u>とフランシス医師は強調した。	DS

i	62	Until now, his life had gone smoothly and to his satisfaction – college, marriage, another year of college for the advanced degree of business, a junior partnership in an investment firm. Fatherfood. He was happy and, so far, lucky – he knew that. His parents were still living, his brothers and his sister were established, his friends from college had gone out to take their places in the world. So far he had kept away from any real harm, from those forces he knew existed and that could cripple or bring down a man if the luck went bad, if things suddenly turned.	FIT 1.5 Howardの視点で内省、語り手の声
	102	それまでの彼の人生は順調そのものだった。それは満足のいくものだった。大学を出て、結婚して、もう一つ上の経済学の学位を取るためにもう一年大学に行って、投資会社の下位共同経営者になっていた。そして子供もいた。彼は幸福であり、そして今までのところはラッキーだった。それは自分でもよくわかっていた。両親は健在だったし、兄弟姉妹はきちんとした一家を構えていた。大学時代の友人たちは社会に出て、みんなそれぞれ立派にやっていた。これまで彼の身にはとりたてて悪いことは何も起こらなかった。そういう暗い力から、彼はずっと身を遠ざけていた。いったん風向きが変われば、その暗い力は、人の身を損ない、運が落ちた人々の足をつかんでひきずりおろすことも可能なのだということを彼はよく承知していた。	地の文彼の視点語り手口調 (変化無)
12	62	He sat in the car for a minute and <u>tried to deal with the present situation in a rational manner.</u>	NRTA
	102	そして座ったまま、<u>ここはひとつ冷静に対処しなくちゃなと思った。</u>	DT
ii	62	Scotty had been hit by a car and was in the hospital, but he was going to be all right.	FIT
	102	スコッティーが車にはねられて入院している。でもまもなく回復するだろう。	(変化無)
13	62	He shouldn't have left the hospital, he shouldn't have.	FIT
	102	俺は家になんか帰ってくるべきじゃなかった。俺は病院にいるべきだったんだ。	DT

第5章 話法翻訳：事例研究I 139

iii	65	Scotty was fine, but instead of sleeping at home in his own bed, he was in a hospital bed with bandages around his head and a tube in his arm. But <u>this</u> help was what he needed <u>right now.</u>	FIT FIT
	105	スコッティーは大丈夫だ。でも彼が眠っているのは家のベッドではなく、病院のベッドだ。頭には包帯が巻かれ、手にはチューブがささっている。でも<u>そういう</u>助けが<u>今</u>の彼には必要なのだ。	夫のDTだが、あまり差が無い
14	68	For the first time, <u>she felt they were together in it, this trouble.</u>	IT
	109	初めて彼女は認識したのだ。<u>私たちは二人一緒にこれに、このトラブルに巻き込まれているのだと。</u>	DT
15	68	She realized with a start that, until now, it had been happening to her and to Scotty.	IT
	109	彼女はそもそもの初めから今の今までずっと、<u>これは自分とスコッティーだけの身にふりかかった問題なんだという風に思い込んでいた。</u>	DT
iv	68	She hadn't let Howard into it, though he was there and needed all along.	FIT
	109	彼女はそれに気づいてはっとした。彼女はハワードをその中には入れていなかったのだ。彼もずっとそこにいて、必要とされていたにもかかわらず。	視点混在 変化無し
16	68	She felt glad to be <u>his</u> wife.	FIT
	109	<u>この人</u>と結婚していて良かったとアンは思った。	DT
17	69	[…] and then (Dr. Francis) left after telling them <u>he was coming along and could wake up at any minute now.</u>	IS
	110	フランシス医師は […]、<u>容体は良くなっている、今にも目覚めるでしょう</u>と言って帰っていった。	DS

140 翻訳と話法：語りの声を聞く

18	70	[…], and (she) knew in her heart that they were into something new, something hard.	IT
	111	そして<u>私たち</u>は新しい局面に、それもハードな局面に立ち到っているのだと直感的に思った。	<u>DS</u>/IS
19	70	She wished she were that woman and […]	NRTA
	111	私もあの人のようになれたらなあと彼女は思った。	DT
20	75	It was, she said, an emergency.	FIS
	117	緊急のことなんです、と彼女は言った。	DS
21	75	She closed her eyes and felt sick at her stomach. <u>She would have to make herself eat.</u>	FIT
	117	目を閉じると胸がむかむかした。<u>でも何か無理にたべなくては。</u>	DT
v	80	The doctors called it a hidden occlusion and said it was a one-in-a-million circumstance.	IS
	123	医師たちはそれを不可視閉塞と呼んだ。百万に一つの症例なのだと彼らは言った。	IS（変化無）
22	80	Maybe if it could have been detected somehow and surgery undertaken immediately, they could have saved him.	FIS
	123	あるいはそれが何とかわかっていたら、そしてその場ですぐ外科手術を行っていたなら、命を救うこともできたかもしれませんでした。	DS
23	80	But more than likely not.	FIS
	123	でもそれもおそらく難しかったでしょう。	DS
24	80	In any case, what would they have been looking for?	FIS
	123	とにかく私たちには知りようもなかったんです。	DS
25	80	Nothing had shown up in the tests or in the X-rays.	FIS
	123	検査でも、レントゲン撮影でも、不審な点は何も出てこなかったんです。	DS

26	81	He looked at the telephone <u>as though deciding what to do first.</u>	NRTA
	123	さてこれからどうすればいいものかと考えるように、彼はじっと電話を見た。	DT
27	81	It seemed to her that Dr. Francis was making them leave when she felt they should stay, when it would be more the right thing to do to stay.	NRA
	123 124	フランシス医師は私たちが残っていなくてはならないときに、私たちを帰らせようとしているんだ、彼女にはそう思えた。そう、私たちはあそこに残っているべきなのに。	DT DT
28	81	(She heard herself say that) and thought how unfair it was that the only words that came out were the sort of words used on TV shows where people were stunned by violent or sudden deaths.	IT
	124	（彼女は自分がそういう声を聞いた。）そしてなんてひどいんだろう、と彼女は思った。唯一出てくる言葉がこんなテレビドラマみたいな言葉だなんて。殺されたか急死した人の前で、みんな茫然としてこういう陳腐きわまりない台詞を口ばしるのよね。	DT
vi	86	His eyes were small, mean-looking, she thought, nearly lost in the bristly flesh around his cheeks. His neck was thick with fat.	FIT *she* の視点
	130	彼の目は小さく、狡そうな光を放っていた。目は今にも頬のまわりの毛の生えた肉の中に沈みこんでしまいそうだ、と彼女は思った。彼の首は脂肪でむくんでいた。	（変化無）
vii	88	He told them what it was like to be childless all these years.	IS
	132	この歳までずっと子供も持たずに生きてくるというのがどれほど寂しいものか、彼は二人に語った。	IS （変化無）

viii	89	To repeat the days with the ovens endlessly full and endlessly empty. The party food, the celebrations he'd worked over. Icing knuckle-deep. The tiny wedding couples stuck into cakes. Hundreds of them, no, thousands by now. Birthdays. Just imagine all those candles burning.	FIS 非定形過去時制の動詞消去
	133	オーヴンをいっぱいにしてオーヴンを空っぽにしてという、ただそれだけを毎日繰り返すことが、どういうものかということを。パーティーの食事やらお祝いのケーキやらを作り続けるのがどういうものかということを。指のつけねまでもどっぷりと漬かるアイシング。ケーキについた小さな飾りの新郎新婦。そういうのが何百と続くのだ。いや、今ではもう何千という数になるだろう。誕生日。それだけのキャンドルが一斉に燃えあがる様を想像してみるがいい。	体言止めで対応。文脈上パン屋の発話だが、整然として語り手口調。視点混在（変化無）
ix	89	He had a necessary trade. He was a baker. He was glad he wasn't a florist. It was better to be feeding people. This was a better smell anytime than flowers.	FIS（全文）
	133	<u>彼</u>は世の中の役にたつ仕事をしているのだ。<u>彼</u>はパン屋なのだ。<u>彼</u>は花屋にならなくてよかった<u>と思っている</u>。花を売るよりは、人に何かを食べてもらう方がずっといい。匂いだって、花よりは食べ物の方がずっといい。	視点混在（変化無）

注意：
・話法表現が変化している例のみカウントする。
・直接話法から直接話法への訳など、明らかに同等の話法カテゴリーへの変換については、表にも記載しないが、分析の過程が分かるように、確認を要すると思われたものは記載する。ただしそれらをカウントしないので番号をふっていない。
・本章では Leech & Short（1981）, Varieties of speech presentation の分類を紹介したので、混乱を避けるために、表ではリーチとショートの使用した表記法をとる。

- 上段が ST, 下段が TT、2 列目の数字はそれぞれのテクストのページ数を示す。
- 10 は英文も繰り返しという直接話法的な要素があるが、日本語訳の方がより直接話法としての話者性が強く出ているので、カウントする。
- 11 は ST は Dr. Francis had emphasized が挿入節として入り、自由間接話法と見られるが、この 1 文に対して、日本語訳は 3 文となっている。最後の文の中の直接話法的な要素が強いので、これを 1 例としてカウントする。
- i : ST は全て自由間接話法と考えられ、彼自身の声とも、語り手が外から彼の様子を報告しているともとれる。TT は「彼」の使用が、語り手の視点を感じさせるが、彼の思考であることは明らかであり、ST の自由間接話法と等価と考えられるため、カウントしない。
- ii : 彼の思考である。TT は直接話法とも考えられるが、次の 13 のように「俺」というはっきりした表示がなく、語り手の報告ともとれる。ST の自由間接話法もかなり彼の声が聞こえるので、変化無しとする (iii, iv, vi も同様)。
- vii ～ ix. : 一続きの談話で、最初 (vii) の文からわかるように、パン屋が二人を前に思いを語る場面である。パン屋の発話であるのだが、他の箇所に表れているパン屋らしい話し方ではなく、整然としている (第 7 章で分析)。

Tea break 3

慣例に依存することば

　翻訳は ST を新たなコミュニケーション状況に置き直して、その状況の中で機能するような TT を作成しなければならないので、当然目標文化の慣例に依存せざるを得ない。例えばニュースや科学的説明文を読んでいる際、ある用語の日本語での定訳が分からないために、内容把握が充分でないことがある。

　例えば、violation という語について、ほとんどの学生（B大学講読1年生のクラス）がその意味は分かっていた。HarperCollins (2006) によると、この語は以下のように使い分けられる。

(1) If someone violates an agreement, law, or promise, they break it. (=break)
(2) If you violate someone's privacy or peace, you disturb it.
(3) If someone violates a special place, for example a grave, they damage it or treat it with disrespect. (= desecrate)

上の (1、2、3) の語義を用いた例は下記のようになる。

(4) violation of parking regulations　駐車違反
(5) violation of individual rights　個人の権利の侵害
(6) violation of Japan's air space　日本領空の侵犯

頭の中でこの使い分けができても、それぞれに対応する適切な日本語を使用して（4、5、6）を説明できる学生はいなかった。また同じクラスで、child neglect が「子供の世話を怠ける」らしいことは理解できても、「育児放棄／ネグレクト」という用語を当てられなかったために、それが子供に対する虐待の一つの形という現実の厳しい問題であると気づかず、その記事の意味を誤解していた例もある。専門用語や時事問題に関わるこのような用語の適切な日本語訳が分からなければ、その概念さえも正確につかめないことが多いのではないだろうか。ある英語の表現が、ニュースでよく耳にする日本語の表現に対応するということが分かれば、その表現にまつわるさまざまな背景知識が浮かび、興味を持って英文を読み進めることができる。母語の使用が、当該のキーワードが背後に持っている知識の体系を引き出すことを可能にするからである。このような例は時事英語のみに止まらず、経済、法律、物理などそれぞれの学部の専門分野に固有の用語や表現にも当てはまる。

第6章

話法翻訳：事例研究Ⅱ　感情表現に焦点を当てて

1.　小説の地の文に現れる感情表現

　日英という異なった文化間でテクストが翻訳されるには、言語記号の置き換えだけでなく、様々な社会・文化的な変容が行われることは、既に述べたとおりである。本章では日英間の翻訳において、言語使用者の認知習慣の違いから、発想・発話態度が小説の語りにどのように表れているかに着目する。つまり、感情そのもの（emotion）を表す語彙ではなく、コミュニケーションにあたって話者（書き手）が、語彙・文法・談話構造に自分の気持ちやムードや感情的態度を指標した表現を問題にする。オックスとシーフェリンは、言語使用者の気分や情感、気質とともに、対人関係や発話の場によって調整される態度を表す言葉としてemotion よりも広範な意味を持つ affect という用語を使っている（Ochs and Schieffelin, 1989: 7）。第1章でも述べたように、本書における「感情」はこの affect の意味で用いる。このような広義での感情（心的態度：発話内容に関して、その可能性、蓋然性などについての話者の判断、願望、要求などを言う）は、論理的・指示的意味と対峙した社会的意味（social meaning）[1] であり、非指示的情報（non-referential information）であるが、聞き手（読者）が受け取った言葉の内容を解釈したり、それに反応する際のヒントとして機能する。

例えば日本語の終助詞「よ、わ、ね」や丁寧体を表す助動詞「です、ます」などは発話の命題内容にかかわらず、話し手が発話のコンテクストをどのように捉えているかを指標するものであり、話し手が相手に対してどのような感情的関わり方をしているかを示す。英語でも対人関係を表す表現としては、以下に挙げるような手段があり、親しみや躊躇、強調、緩和等発話の性格付けに寄与する。

① 　イントネーション
② 　呼びかけ語 [2]（ファーストネーム、ニックネーム、"honey" 等のような endearment、肩書き等の敬称）を特に文中、文尾に付ける
③ 　付加疑問文を含むヘッジ表現
④ 　談話標識

　本章では日英の現代小説の中から ST とその英訳 TT、和訳 TT をとり上げ、引用符の付いた直接話法以外の文（地の文）を中心に、語り手の発話態度・心的態度を分析する。そこには語り手がどれほど登場人物に近接しているかが読み取れ、また登場人物の意図・感情も表れるため、小説全体の印象に深く関わってくる [3]。

2. 小説の言葉に託される感情

　本書でいう感情が小説の言葉の中にどのように組み込まれるのか、考えてみたい。感情というと漠然と捉えどころがなく、言語

学的な分析の埒外のような印象を与えるかもしれないが、この感情は心的態度と言い換えることもできる。話者の心的態度は、一般に言語学ではモダリティという術語で言及される。以下でモダリティについての先行研究を概観し、感情や思考を理論的に捉える足掛かりとしたい。次節で小説のコミュニケーションの捉え方を明らかにした上で、心的態度が言葉の中にどのように具現されるか説明し、訳文分析へとつなげる。

2.1 日英のモダリティ

モダリティの定義は研究者によって様々であるが、『三省堂現代英文法辞典』にあるように、「文の内容に対する話し手の心的態度」と捉えるのが一般的であろう。ライオンズはモダリティを表す文副詞について語る中で、命題（proposition）や状況に対する話者の意見や態度を表す、とモダリティを定義付け（Lyons, 1977: 452）、「命題」と「話者の意見や態度」を区別した[4]。ライオンズはモダリティに主観的・客観的[5]両方の要素を認めながらも、主観的要素に重きを置いている。

パーマーも、主観・客観の区別が明白に付けがたい場合もあるとしながら、やはり「モダリティが話者の態度や意見に関わるなら、明らかに主観性が基本である」（Palmer, 1986: 17）と述べ、モダリティを話者の（主観的）態度や意見の文法化、と定義付けた[6]。また命題とモダリティの区別は発語行為（locutionary act）[7]と発話内行為（illocutionary act）の区別に非常に似ているとしている。発話内行為とは話し手が発語行為を行うと同時に、ある意図もしくは心的態度のもとに遂行する意図的行為を指すもので、話し手の意図や主観的態度を感じさせる。澤田（1993：207）はオースティンの遂行分析を発展させ、文の意味は「発話

内の力の指標」(F) と「命題内容」(P) から成り、F は「遂行的」系列 (Fα) と「態度的」系列 (Fβ) に二分されるとした。Fα は基本的に行為的であり、話者が聞き手に対してある命題内容を命令したり、主張したり、質問したりする発話内行為であるのに対し、Fβ は基本的に心理的であり、話者がその命題内容を推量したり、判断したり、疑ったりする心的態度である。

　日本語については仁田 (1997: 125) が、日本語の文の基本的な意味・統語構造は、言表態度（モダリティ）が言表事態（命題）を包み込むという形をとっており、さらにモダリティは、〈命題目当てのモダリティ〉と〈発話・伝達のモダリティ〉に分けられるとする[8]。前者は話者の命題に対する認識的な捉え方・把握の仕方を表したものであり、後者は話者の発話・伝達的態度のあり方を表している。これを澤田の言う「発話内の力」の分析に当てはめると、「遂行的」系列 (Fα) は仁田の言う〈発話・伝達のモダリティ〉に、「態度的」な系列 (Fβ) は〈命題目当てのモダリティ〉に相当すると考えられる。

a) 多分彼らは今頃夕食を食べている<u>だろう</u>ね。
b) <u>Probably</u> they <u>will</u> be eating dinner by now, won't they?
c) <u>I guess</u> they <u>will</u> be eating dinner by now.

　　　　　　　　　　　　　　（例文は澤田 1993、下線と囲みは筆者）

　上の例文において a) と b) は四角で囲まれた〈発話・伝達のモダリティ〉が文全体を包み込んでおり、その中に下線を施した〈命題目当てのモダリティ〉が、それら以外の命題部分を包み込むという形になる。その文構造と意味において、a) と b) は対応している。a) は c) のように英訳されることもあり得るが、

その場合聞き手を同調者として話しかけ、確認しているという話者の聞き手に対する発話態度を指標する表現はなくなる。

モダリティは多くの研究者が異なる観点で捉えており、尾上（2001: 454）は「非現実の事態を述べる述定形式がモダリティ形式であり、これらの形式が表す意味のすべてがモダリティである」と定義づけ、文のうち主観的な部分がすべてモダリティなのではないと主張する。しかし、現代の終助詞が対聞き手的行為としての主観的意味を表現することは認めている。池上（1999: 87）は主観性とは「話し手の刻印」つまり話し手の指標であり、敬語や終助詞について言われる主観性も〈話し手指標性〉（speaker-index）が認められると述べている。メイナード（Maynard, 1993）は日本語の表現性を「ディスコース・モダリティ」（discourse modality）という概念で捉えることを提唱しており、その標識（discourse modality indicator：DM標識）として、①イントネーションなどパラ言語的要素、②終助詞、③「だ／です、ます」の交換や「という＋名詞」表現、④感嘆詞、⑤「やっぱり、どうせ」などの副詞や「だから、だって」などの接続詞などを挙げている。メイナードの言うDM標識は情的態度の表明や、対人的態度の伝達などの機能を果たし、引用に使われると直接話法のマーカーと一致する部分が多い。

このほかにも、this, that などの指示語や時制の扱い、特に日本語の人称詞（或いはそのゼロ化）などもこのように、心的態度を表すことが知られており、英語にも日本語にもそのような言語手段が存在することを確認した。

2.2　小説のコミュニケーションと言語の対人的機能

心的態度の表れ方を考えるということは、コミュニケーション

において話者(書き手)の心的態度の表出がどのように相手に受け取られるか、どのように機能しているかということにつながる。ここで、小説のコミュニケーションについて考えたい。小説には当然その著者がいて、また著者と何の面識もない読者が存在する。ナラトロジーでは読書のコミュニケーションを考えるに際して、Real author → [Implied author（内包された著者）→ Narrator → Narratee（聞き手）→ Implied reader（内包された読者）] → Real reader というモデル（Chatman, 1978: 151）を立てることが多いが、本書では説明の簡略化のため、読書のコミュニケーションを下図角括弧 [ ] 内のように考える。

著者→ [語り手→登場人物₁→登場人物₂→聞き手] →読者

つまり読書とは、著者がその思いを託して創りあげた語り手と、想定読者である聞き手との間のコミュニケーションである（Dixon & Bortolussi, 1996）。この聞き手と読者は同一として扱う。さらに、語り手と聞き手間のコミュニケーションの内部には、登場人物間のコミュニケーションもあり、登場人物1と2が同一人物の場合は独白となる。

　そのようなコミュニケーションの話し手と聞き手との関係や、話し手の態度や役割を表示する機能は、第2章第2節で触れたように、言語の対人的機能（Halliday & Hassan, 1976）と呼ばれる。これは「言語の社会（social）、表現（expressive）、訴えかけ（conative）機能を扱う」（*ibid*.: 26）ものである。つまり対人的意味とは、ある発話が情報を与えるものなのか、質問しているのか、内容をあまり信用していないのか、賞賛しているのかという、内容に対する話者の心的態度とともに、相手への評価や態度

を含む。英語では助動詞や法助動詞が対人的機能を担うことが多い（龍城, 2006: 15）。加えて、話し言葉の場合はイントネーションもその機能を表すことが指摘されている。他方、日本語では文末表現が非常に発達し、命令・感嘆・同意・疑問・依頼やポライトネスなどの対人的機能を担うことが知られている。ある種の副詞類もその機能を担うのは、日英同様である。

このように、命題には直接関わらず、話者の発話態度を示し、聞き手の印象を左右する非指示的な表現は、2.1 に挙げた affect やモダリティの概念と重なり合うところが多く、そのほかにも、役割語（金水, 2003）、指標性（Silverstein, 1976, 1993）など様々な角度からの研究に共通性を見出せるが、本書では機能的翻訳理論に則り、語りにおける対人的機能に焦点を当てて分析を行う。

日英の小説の印象の違いを語りの「声」に焦点を当てて分析した翻訳研究は数少ないが、ナイダ（Nida, 1964）の動的等価[9]は、翻訳をコミュニケーションの側面から見て、読者の受ける印象を考慮した先駆的研究と考えられる。その後ベーカー（Baker, 1992）、ハティムとメイソン（Hatim & Mason, 1997）らによって、含意や推意などにも留意した語用論的観点から翻訳が論じられ始めた。中でもシェフナー（Schäffner, 1998）は、政治家によるスピーチの英独間の翻訳・通訳におけるヘッジの扱いの問題点を論じ、ハウス（House, 1998）は英独間のポライトネスの規範の違いに起因する翻訳の問題点を論じている。これらは対人的機能に関わる翻訳研究である。

次節の分析では、実際の日・英小説の ST と TT の間で地の文における対人機能に着目して、それらモダリティ表現がどのように対応しているのか、いないのかを比較検討する。その対応、あるいは非対応がどういう表現効果の違いを産み、それは何に起因

しているのか、考察したい。

3. 訳文分析

　分析の対象は、できるだけ自然な発話の現れる日英の現代小説とし、初めの例は 'A small, good thing'（Carver）とその村上訳である。

(1) a. The baker, [. . .], listened without saying anything when she told him the child would be eight years old next Monday. (59)
　　b. 来週の月曜日でスコッティーは八つになるん<u>です</u>、と母親が言っても、パン屋の主人は黙って聞いているだけだった。(99)

(2) a. The cake would be ready on Monday morning, just out of the oven, in plenty of time for the child's party that afternoon. (60)
　　b. ケーキは月曜日の朝にはちゃんと焼きあがり<u>ます</u>。月曜の午後のパーティまでにはたっぷり時間の余裕があり<u>ますよ</u>。(99)

(3) a. He sat in the car for a minute and tried to deal with the present situation in a rational manner. (62)
　　b. そして座ったまま、ここはひとつ冷静に対処しなくちゃなと思った。(102)

　登場人物の発話や思考は、読者にどのように伝えられているだろうか。読者と、登場人物や語り手との距離感を想像してみよう。(1b) の「来週の〔…〕なるん<u>です</u>」の部分は、引用符はないが「です」という終助詞の付加によって母親の直接話法となる。母親が、年上で初対面のパン屋に対して丁寧表現で接してい

るのが分かる。読者は母親の直接の声に接し、その存在を間近かに感じることができるだろう。「と母親が〜」以降は語り手の声で語られているが、そんな彼女の話に乗ってこずに黙って聞いているだけのパン屋に対して、母親寄りの視点を持って報告している。そういう語り手に対しても、読者は親近感を感じるだろう。(2b) は 2 文ともパン屋の直接話法で、「ます」「ますよ」はパン屋が客である母親に対して丁寧体で対応しているのを示している。また終助詞「よ」の付加によって自分の判断を聞き手に与える、という発話態度も表れている。ここでは語り手の声はない。どちらの例でも読者は登場人物が相手をどのように認識しているか直接感じ取る事ができる。一方 ST である (1a) では母親の発話は間接話法として語り手視点で語られている。(2a) は would を法助動詞と見て自由間接話法と考えると、語り手はパン屋の視点に近付くが、全くのパン屋の声ではなく、パン屋の視点に立った語り手の声がパン屋の思考を伝えている。(1) (2) 共に日本語訳では、パン屋と店にきた母親の社会的対人関係が「です、ます」の使用によって明示されており、また直接話法スタイルの使用によって読者はそれぞれの人物の言葉を近くに感じることができる。一方、ST のここに挙げた箇所からだけではパン屋と女性客がお互いに相手をどう受け止めて、どのような接し方をしているのかは分からない。3a) は語り手による地の文であるが、思考行為があったことを報告しているので、NRTA ともとれる。(3b) では彼の思考は直接話法になっており、読者は「ここはひとつ」「しなくちゃな」などから彼の視点を目の当たりに感じることができるだろう。終助詞「な」は、彼が自分に言い聞かせるように心内で独り言を言いながら、確認を行っている様子をはっきりと感じさせる。

次の例も英語小説からの翻訳である。田舎で刺激の無い生活を送っていた彼女(フランチェスカ)の前に、好感の持てる男性が現れる。

(4)a. A silver bracelet with some intricate scrollwork clung to his right wrist. <u>It needed a good rubbing</u> with silver polish, she thought, then chastised herself for <u>being caught up</u> in the trivia of small-town life she had silently rebelled against through the years. (Waller, *The Bridges of Madison County*: 33)
 b. 右の手首には、入り組んだ渦巻き模様を刻印した、銀のブレスレットが絡みついている。銀器磨きで<u>よく磨く必要があるわね</u>、と彼女は思わず考えて、そんな自分をひそかになじった——<u>そんなことを考えるなんて</u>、長年、無言のうちに反撥を感じていた小さな田舎町の生活に、<u>すっかり搦め取られている証拠じゃないの。</u>(松村訳: 52)

(4a) の前半下線部は挿入節の ".., she thought" から、語り手がフランチェスカに近接してその心内の思考を語っていることが分かり、彼女の声も想像できる。後半は「小さな田舎町の生活で、ささいなことに囚われてしまっている自分自身を責めた」と、語り手がフランチェスカを観察して描写している。読者は幾分彼女と距離をとり、語り手の文を読みながら、フランチェスカの思考を想像することになる。

一方、(4b) の下線部は、フランチェスカの内省が独り言のように表されており、女性らしい文末表現になっている。「わ、ね」等の終助詞は本来話し手の認識過程に関する表示をし、「あるわね」は断定の形よりも柔らかく緩和表現の機能も果たしている。

神尾（1990: 71）によれば、「ね」は与えられた情報に関して話し手が聞き手に同一の認知状態を持つことを積極的に求める性質を有する[10]。そのため小説を読む読者も彼女と同じ視点から事態を認知しようして感情を共有する。また「なんて」は主体の感嘆や驚きの情意を伝え（メイナード, 2000: 319）、最後の「じゃないの」には自分をとがめているフランチェスカの気持ちが表れている。ここではいずれも彼女の心内の独り言として表されているが、上述の対人機能を表す表現があるため、読者は彼女に話しかけられているように感じ、係わり合いを強めようとする。さらに好意を持った男性のそばで女性らしくあれこれと思う、彼女の心の揺れが、英語の原文からよりもあらわに感じ取れ、TT 読者はその口調からフランチェスカの人物像を作り上げることにもなろう。

　以上（1）-（4）において、ST の中では語り手寄りの間接話法や自由間接話法、NRTA が、TT で対人機能の標識[11]が付くことによって登場人物の直接話法として提示されている例を見た。

　第 5 章の分析を含めて、今までは話法表現に関わる変化を見てきたが、次に話法には関わらない箇所を対照する。もともと対人機能の標識が多く現れている 1 人称語りの英語小説が和訳された場合は、語り手の言葉の上で変化がみられるかどうか、検討してみよう。ST はサリンジャーの *The Catcher in the Rye* で、ティーン・エイジャーの話し言葉で語られるこの小説には、全編を通じて対人機能の標識と考えられる表現が多く現れており、大人の社会のインチキや常識への主人公の反発や、その傷付きやすい内面を感じさせる。その標識と思われる表現に下線を施し、2 種類の日本語 TT でも、それらしい表現に下線を施す。数字は標識の数を比較するためのものであり、テクストごとの意味的対応はない。

(5)a. ₁Anyway, it was December ₂and all, ₃and it was cold ₄as a witch's teat, especially on top of that ₅stupid hill. I only had on my reversible ₆and no gloves ₆or anything. The week before that, somebody'd stolen my camel's-hair coat ₇right out of my room, with my fur-lined gloves ₈right in the pocket ₉and all. 〔…〕 ₁₀Anyway, I kept standing next to that ₁₁crazy cannon, looking down at the game ₁₂and ₁₃freezing my ass off. ₁₄Only, I wasn't watching the game too much. ₁₅What I was ₁₆really hanging around ₁₅for, I was trying to feel ₁₇some kind of a good-bye. ₁₈I mean I've left schools and places I didn't even know I was leaving them. (7)

b. ₁とにかく、12月₂かなんかで₃さ、₄魔女の乳首みたいにつめたかった₅な、特にその丘の₆野郎の₇てっぺんが₈さ。僕はリバーシブルのオーバーを着てただけで、手袋も₉何もしてなかった₁₀んだ。その前の週に、ラクダのオーバーを、ポケットに毛皮の裏のついた手袋をいれた₁₁まんま、僕の部屋に₁₂おいといたのを、誰かに盗まれ₁₃ちゃったんだ。〔…〕₁₄とにかく、僕は、その₁₅イカレタ大砲のそばに₁₆突っ立って、₁₇ケツももげそうなくらい寒い中で、下の試合を₁₈見てたんだ。₁₉といっても、たいして身を入れて₂₀見てたんじゃない。₂₁どうしてそんな₂₂とこに₂₃ぐずぐずしてた₂₁かというと、₂₄実は、その、別れの気分₂₅といったようなものを味わいたかったから₂₆なんだ。今までいろんな学校₂₇やなんかをやめてきた僕₂₈なんだけど、みんな自分で知らないうちに₂₉やめちまった₃₀みたいな感じ₃₁なんだ₃₂な。(村上訳：11)

c. ₁何はともあれ 12 月のこと ₂だから、あたりは ₃魔女の乳首みたいに冷え込んでいた。₄とりわけその ₅間の抜けた丘の上は ₆ばりばりに寒かった。僕はリバーシブルのコートを着ているだけで、手袋も ₇なにもつけていなかった。その前の週に誰かが僕のキャメルのコートを ₈かっぱらっていったんだ。₉ちゃんと部屋に置いてあったものを ₁₀だぜ。コートのポケットには毛皮の裏地のついた手袋 ₁₁なんかも ₁₂入れっぱなしだった。〔…〕₁₃とにかく僕はその ₁₄クレイジーな大砲のわきに ₁₅つったって、試合をみおろしながら、₁₆骨の髄までがちがちに凍えていた。試合そのものをとくに熱心にみていた ₁₇わけじゃない。僕としては、₁₈ああもうここともお別れなんだな、₁₉という感じがつかみたくて、その辺で ₂₀ぐずぐずしていただけ ₂₁なんだ。つまり ₂₂さ、僕はこれまで、₂₃どさくさ ₂₄みたいな感じで学校 ₂₅とか ₂₆いろんな場所をあとにしてきた ₂₇んだ ₂₈けど、〔…〕。（野崎訳：10）

日本語 TT でも ST に現れた対人機能標識の省略はなく、ST にそれらしい標識がない箇所にも、TT では文末表現や言葉遣いで、思春期にある語り手の人となりを印象付けている。俗語や卑語にぴったり対応する日本語がない場合も、文末表現や他の部分でそれらしい雰囲気が保たれている。厳密な規則に則って標識を分類することはできないが、日本語の TT の方が標識と考えられる表現を差し挟む余地が数多いことが分かる。この 1 人称の語りでは、このような標識が豊富についていながら語り手の地の文となっているが、一般的な 3 人称小説の場合は、整然とした語り手口調の中にこのような標識が付けば、登場人物の発話を表す直接話法と考えられる場合が多くなる。これは日本語の小説の方が、直

第 6 章 話法翻訳：事例研究 II　　159

接話法スタイルが多いという第5章の分析と合致する。

次に3人称小説から例を挙げ、日本語の地の文における対人機能の標識が英訳を経て減少することにより、表現効果にどのような違いがあるかを考察したい。STは遠藤の『おバカさん』で、TTはオーエン訳である。このSTでは語り手が皮肉を効かせた語り口で小説の前面に終始顔を出し、小説内の出来事や登場人物に対してコメントするので、読者は語り手と〈今・ここ〉の立場を共有して、語り手との対話を楽しんでいるような気分にさせられる[12]。

(6) a. 日曜日の朝ごと、彼は決まって巴絵から三度の波状攻撃をうける。第一回目は下の廊下からあのキンキン声が<u>なにやら</u>をわめく。<u>なにやら、というのは</u>その言葉がねぼけ耳にはよく聞きとれぬ<u>からである</u>。だがこの時は曖昧な声で「うむ」とか「ああ」とか返事しておけば<u>よろしい</u>。(2)

b. Every Sunday morning he was subject to three waves of assault. First, with ear-splitting volume, she <u>would</u> shout up at him from the first-floor hallway. Still half asleep, he <u>would</u> not make out her words. This first attack <u>could be withstood</u> with a simple 'OK' or 'huh-huh'. (11)

(6a)の「なにやら」は「何か言っているけれど、聞こえもしていないし、どうせ大したことではない」という、登場人物である隆盛と視点を重ねた語り手の、小ばかにしたような受け取り方を指標している。英語訳にはその対応語がない。(6a)の1文目、2文目で状況描写をしているが、3文目「なにやら、というのは～」は状況描写から離れて、語り手が主観的な判断を読者に説明

するため前面に顔を出している。読者はそこからはっきりと隆盛に近接した語り手の人格を感じ、次の文の「よろしい」からも、語り手と対話をしている気になるだろう。「よろしい」は「よい」「よいのだ」と比べると聞き手との対人関係を調整する標識であることがはっきりする。

　(6b)のほうには「なにやら」に対応する言葉がないのだから、当然語り手がその言葉を使った理由を読者に向かって説明することもない。「まだねぼけているので、何を言っているのかよく分からなかった」と隆盛の状況を報告しているだけだ。二つの破線部の'would'が過去の習慣を表し、下線部の'could'を可能の過去と解釈すると、全体に語り手が視座を変えず隆盛と距離を保って報告していると考えられ、語り手の主観や感情もほとんど表れない。しかし、全文を自由間接話法と考え、would, couldの法助動詞が隆盛の視点から彼の感情を表していると見ると、語り手と隆盛の距離は近付き、その点ではSTに対応する。ただ語り手が対話形式をとって読者に親しく語りかける親近感は、TTでは明示されていない。

(7) a. 会社の昼休みなどストーブをかこんで既に結婚している同僚や先輩がコワそうに細君にたいする恐怖をうちあけるのを耳にする時、隆盛は<u>どこまで本当かいな、と思うのである。</u>(4)

　b. When his married fellow workers at the bank confided to him in the noon break the fear they had of their wives, he <u>wondered how much of what they said was true</u>〔…〕. (12)

(8) a. 隆盛の経験から言うと、妹は子供の時から兄という男性に対する、監視人であり、批判者である。特に生意気盛りの十四、五歳を過ぎると、<u>もうイケません。</u>彼女たちは兄貴のどんな

小さなアラや失敗でも決してみのがさない。(5)

b. In Takamori's experience a sister was from earliest childhood the self-appointed prefect and critic of her brother. Not his slightest lapse or defect escaped her vigilant eye. (12)

　(7a)「どこまで本当かいな」は隆盛の思考を直接話法として提示しており、おどけたような話し振りから彼の人間性が窺え、ユーモアが感じられる。「コワそうに」の表記からも語り手がこの事態を深刻に受け止めているのではなく、この打ち明け話を面白おかしく報告しようとしていることが察せられ、親しみの持てる語り手の人柄も同時に感じられる。しかし (7b) の英文の語り手からは、そのような印象は感じ取れない。

　(8a) の「もうイケません」は隆盛の立場から読者に対して少々ふざけた口調で語りかけられており、読者は直接隆盛と対話をしているような気持ちになる。そうなると読者は隆盛にも、また隆盛に近付いて自由に入り込んでいくような語り手にも、親近感を感じるだろう。(8b) では (8a) の下線部を含む文章は訳されていない。(5) (6) (7) に対して日英母語話者各 30 名に読み取り調査を行ったところ、日本語話者はほとんど全員がユーモラスな印象を受けたが、英語話者は過半数が深刻な印象を受けると回答した。この調査は被験者の人数が有意差の測定には十分でなく、量的なことを問題にするよりは、被験者の回答を質的に問題にしたい。日本語話者の多くは下線部に表れるような諧謔に富む語り口から、隆盛や彼に近接した語り手が余裕をもって妹について語っていることに安心し、隆盛が文面通りに妹を恐れているとは解釈せず、この兄弟の間に流れる情愛を推察する事ができた。一方、英語話者でユーモラスな印象を受けた被験者は 'three waves of assault', 'prefect and critic', 'vigilant eye' 等の大袈裟な語彙選択を挙げる人もいた。しかし寝坊の男性を起こす場面や、既婚男性が昼休みに集まって、妻が怖いと言い合っている状況を想像するとユーモラスだと、場面設定をその理由に挙げる場合の方が多かった。さらに、隆盛と妹の関係はこの部分だけでは情報が少なすぎるという回答もあった。これは、やはり文面にそれらを感じさせる標識が見られないということであろう。読者が小説を解釈する際に、書かれている語句の指示的意味だけでなく、その語句が指標する意味や、語り口から印象を読み取ることは既に述べたが、この抜粋例では日本語被験者の方が、そういう感情的態度を指標する表現をはっきりと読み取ったと言えるだろう。

さてここで、読者に親しげに話しかける1人称の語り手が登場して、様々な感情を吐露する、日本語の小説『キッチン』（吉本, 1991）とバッカス訳の例を、メイナード（2000: 340-1）の分析と合わせて紹介したい。2.1で述べたように、メイナードは「だ／です、ます」の交換をDM標識の一つとしており、〈だ体〉を基調とした『キッチン』の語りのスタイルの中に〈です、ます体〉が現れた場合のスタイルシフトによるレトリック効果を下の例を通して考察している（ただし、下線は筆者による。また例文のページ数表示は、巻末にあげた筆者の用いた引用文献のページ数である）。

(9) a. 悪く言えば、<u>魔がさしたというのでしょう</u>。しかし、彼の態度はとても"クール"だったので、私は信じることができた。（11）

b. Bad as it sounds, <u>it was like I was possessed</u>. His attitude was so totally "cool", though, I felt I could trust him.（6）

(10) a. しんと暗く、なにも息づいていない。見慣れていたはずのすべてのものが、まるでそっぽをむいているではないですか。私はただいまと言うよりはお邪魔しますと告げて抜き足で入りたくなる。(32)

b. Cold and dark, not a sigh to be heard. Everything there, which should have been so familiar, <u>seemed to be turning away from me</u>. I entered gingerly, on tiptoe, feeling as though I should ask permission. (22)

このスタイルシフトにより、語り手が急に語りかける「相手を意識して」、「親密さの調整をし」、「語ることを操作する意図が見て取れる」ため、語り手の存在感が強く感じられる、とメイナードは説明する。また他の「それも、大きい買い物。主に電化製品<u>ね</u>」(39)の終助詞や「<u>なーんにも</u>、考えてはいなかったのだ」(13)の音声上の特徴づけなどからは、親しみ深い「語り手の人間性がにじみ出て」おり、「この語り手の情意が小説を読む上での楽しみ」ともなり得るが、この「情意が英訳テキストには一貫して欠けている」と述べている。

この『キッチン』の英訳版として翻訳出版されたのは上にあげたバッカス訳であるが、この他に小説の一部のみではあるが、シェリフ訳がMitsios (1991) に紹介されているので、それを (9c) (10c) として挙げ、上記の例と合わせて若干の分析を加える。

(9) c. <u>I suppose that I should have resisted this temptation</u>, but I felt that I could trust him. (155)

(10) c. I opened the door and immediately felt how still and dark it was. Nothing breathed there. All of those old, familiar things <u>seemed</u>

suddenly cold and alien. I felt as though I were a guest in someone else's house and that I should tiptoe in, so as not to disturb anyone. (168)

　(9a)は「魔がさした」「魔がさしました」「魔がさしたのだ」「魔がさしたのです」「魔がさしたというのだろう」「魔がさしたというのでしょう」と様々な変形を考えると、モダリティの変化が分かりやすい。「悪く言えば［…］というのでしょう」は引用の形をとっており、自分がその場で「魔がさした」のを体験したというよりは、「世間でよく『魔がさす』というけれど、それはこういうことなのでしょう」と「という」のメタ機能がいわば「世間の声」とそれを引用した「私の声」の二重の声で発言を緩和し、さらに「でしょう」と推測して丁寧体で読者に語っている。(9b)では「(悪魔に)取り付かれた」と言うのに、"it was like"が付いている。likeの使用は話し言葉に多く、読者に親しく語りかける語り手の態度が感じられると同時に、「～という」のメタ機能と同等の緩和効果も持つ[13]。(9c)ではヘッジの"I suppose"で緩和しているものの、「私はこの誘惑をはねつけるべきだったのだろうが」と言ってしまうとSTで述べていない感情がはっきりと強く出すぎる。(10a)は「～ではないですか」という丁寧体と問いかけの形によって、読者に自分の感じた疎外感や驚きに対する共感を求めている。(10b, c)はともに"seemed"で主体者がこのように知覚したことを示しているが、STほど積極的に読者に反応を求めていない。また、(10a)では「ただいま」「お邪魔します」と語り手でもある主人公の女性の声が〈いま、ここ〉の地点から直接感じられるが、英訳では両方とも語り手としてのIによって、過去の出来事の状況が報告されており、読者

は主人公の I と幾分距離を感じる。

　『キッチン』のバッカス訳は ST の表現形式にかなり忠実な対応を心がけており、感受性溢れる語り手が読者に語りかける態度も移そうという翻訳のアプローチが感じ取れる。それでも ST にある対人機能の標識全てに対応は見られない [14]。シェリフ訳はバッカス訳に比べると主語・述語の取り方など言語構造の選択が、英語としてより自然であると思われるが、(9)(10)の例では ST と同等のモダリティ効果は出ていない。

　メイナード（1993: 124）は日英会話の文末表現を調査し、日本語データ 20 組 60 分の会話で、終助詞を初めとする感情表現が文末に付かない形式が 11.98％にすぎないとしている。英語では同様に 20 組 60 分の会話で①"you know" "right" "OK"、②付加疑問、③相手をファーストネームで呼ぶ、④"or something" "like" などの曖昧さ、躊躇を表す表現を付ける、⑤"though" "but" を文末に付けて表現を和らげる、などの文末表現が対人機能を果たしていたが、これらの表現が現れたのは 10％に過ぎず、90％が聞き手目当ての文末表現のつかない形式だったと報告している。「よ、わ、ね」が敬体・常体どちらにでも付けられ、文体のレベルを規定しないのに比べ、"you know" やヘッジは全般的にくだけた文体に起きやすく、多用すると自信のなさや表現の不得手さを示すとされる事からも、現れる頻度が終助詞や「です、ます」と比べると低いことが窺える [15]。

4. 結び

日本語の小説では地の文の中でも語り手が登場人物に視点を移

して、登場人物の想定する聞き手（登場人物自身も含めて）に向かって対話する例が多く見られた。あるいは語り手が自分の評価を述べたり、読者に向かって親しげに語りかけたりする例も多かった[16]。つまり地の文（書き言葉）の中に話し言葉の入る余地が大きいことを確認した。しかし、分析に使った例文は恣意的に選び出したものであるから、あらゆる小説に当てはめることはできない。そこで、この分析結果を日英の言語構造の差異から導き出す必要がある。日本語では地の文の中に話し言葉が入りやすいという現象が、端的に現れるのが、対人機能の標識といえる終助詞や「です、ます」などの文末表現である。これらの文末表現は〈発話・伝達のモダリティ〉であり、これによって話し手は、外在世界や内在世界との関係において形成した判断や情報、感情、意志などを聞き手に伝えることができる。一方英語においては第1節で述べたように、挿入的に用いられる談話標識やヘッジ、文中や文末に用いられる呼びかけ語などが類似の機能を持つと考えられるが[17]、これらの表現は皆それだけで独立して一つのイントネーション・ユニット[18]を形成しており、音韻的にも短く述部に簡単に組み込まれやすい終助詞とは、形態的に異なっている。言い換えれば、終助詞の出る箇所に良く似たモダリティを表す英語の表現を対応させると、量高く大袈裟になり、モダリティも強調されすぎる。したがってこれらの表現が現れる確率は、日本語に比べてかなり低くなることが考えられよう。英語のヘッジや付加疑問などが付け足し的にしか出ないのに対して、日本語の終助詞は形態素として述語形式の主要な構成要素となっている。これは金水（1991: 24）が、英語では、聞き手が命題を評価・処理するための指標が形式的に組み込まれる度合いが低いと述べ、一方、日本語の文末表現に触れて「日本語は比較的こまやかに指

標を付ける言語に属すると考えられ、発話の機能に適合した表現形式の選択に意を用いなければならない」とする指摘と合致している。さらに、仁田（1991: 21）は「文が、言語活動の場において機能しうるためには、発話・伝達のモダリティが必須である」[19]と述べ、日本語において〈発話・伝達のモダリティ〉が〈命題目当てのモダリティ〉より優勢であるとしている[20]。
「です、ます」と「だ」の使い分けは上下・親疎の人間関係や、発話の場が改まっているか、くだけているかを言語表現で指標する日本の社会・文化的習慣と繋がっている。言語使用に関して、常体・敬体の二者択一は義務的である。しかもその選択が述語形式の末尾に付加するだけなので、例えば常体で語られている地の文の中でも、容易に敬体が顔を出し、それによって言語使用者の何らかの意図・感情が読み取れる。英語でも、仮定法による依頼文や、語彙の選択（British English ／ American English や古語・雅語／現代語）によってテクストとしての丁寧さを出すことはあるが、日本語の文末表現のように容易に選択できるものではない。日本語の文末表現は「役割語」の機能を果たすとともに、主語を明示しないことも多い日本語の文章で、誰の発話なのか示唆する役目もある。

またマーティンは「ね」に似た機能を持つ種々の英語表現を挙げた上で（注17参照）、このような機能は英語ではイントネーションやジェスチャーで表されることが多いと指摘している。英語小説の地の文において、語り手が読者に様々な呼びかけ語を駆使したり、イントネーションやジェスチャーで感情を表すことは考えにくい。なおこのことは、バイバーとフィニガンの行った調査からも裏付けられる。彼らは口頭、書面両方の様々なジャンルから対話や小説、手紙などを含む500のテクストを対象にして、直

接的且つ明示的に話者の態度・感情・判断などのスタンスを表す語彙的・文法的マーカーの調査を行った。その結果、英語の一般小説（mystery, science, romance fiction 以外の小説）の 90％のテクストにおいて、感情や証拠性[21]を示す表現がごく少ないという報告をし、英語でのスタンスはイントネーションなどパラ言語での表示が主になることを示唆している（Biber & Finegan, 1989）。

一方日本語は言語構造的にも対人機能を表す標識が付きやすく、小説の地の文でも語り手が対話者として読者に話しかけたり、あるいは登場人物の直接話法の形でその声を表したりする[22]。最近の認知言語学では、日本人が〈今・ここ〉という現場的・当事者的な視座から事態を把握する傾向が強いことを認めており（池上, 2003; 本多, 2005）、本書での分析と一致を見る。反対に英語の小説の地の文では、同じような機能を持つモダリティ表現が日本語ほど簡単に付かないので、登場人物の意識を表す場合でも直接話法体でその生の声を聞くことは稀である。言い換えれば、心的態度を示すモダリティ表現が小説の地の文に現れる度合いが、日本語の方が英語より大きいという一般的傾向が、言語上の特質から導き出された。同じ小説の ST と TT を比べると、日本語の小説の方が感情的であるという印象を受けがちなのは、このような言語構造の違いによることが明らかになったわけで、これは言語的特質[23]から起こる一般的現象であるから、翻訳者の嗜好に帰せられるものではない。

このような言語上の特質がディスコースや小説の表現効果に影響を与える一方、日本の小説の語りの構造や、対人関係など社会的意味を言語で明示する日本の言語文化が、言語やディスコースに影響を与える。

対人機能の標識によって指標される社会的意味の違いは、翻訳

の際、語彙・文法上の違いよりも気づかれにくいが、テクストの印象を大きく左右する。したがって各言語文化において自然に読めるテクストに仕上げるためには、このモダリティの現れ方の差異を認識して、調整しながら訳出することが必要となるのである。

　次章では、英語小説の読者がどのように感情を読み取って、読書を楽しんでいるのかという問題を、自由間接話法に焦点を当てて探ってゆく。

注

(1) Ochs（1992: 338）参照。

(2) 相手に呼びかけるときに使われる言葉と、相手への言及の言葉とがある。その使用は話し手と相手の人間関係が反映される。

(3) Koven（2002）は口頭の語り（1人称）における話し手の役割を①narrator/ author ②conversationalist/ interlocutor ③character の3つに分け、話し手がこの3つの形からなる様々な声を融合させて語りを行っていると述べ、聞き手は、話し手がどの役割で話すかによって異なった反応を示し、話全体も明らかに違った印象で聞こえたという調査報告をしている。

(4) またモダリティを〈epistemic modality〉（認識のモダリティ：事実性の度合、確信など判断様相的）と〈deontic modality〉（当為評価のモダリティ：義務ないしは許可）の2種に大別した。

(5) ここで言うモダリティの主観性とは、命題内容に対して話者の心的態度が含まれていて、話者の視点があることで、客観性とは話者の心的態度がなく、客観化された命題内容を話者が報告することを指し、話者の視点は特に関係しない。池上（2003: 18）では、「主観性とは発話の主体による自己表出」というライオンズの規定が緩やかすぎると

して、「自己中心的な視点で事態が体験として把握されること」を主
　　　観的な事態把握とすると述べている。
(6)　本研究ではモダリティに客観性がないと述べているわけではなく、
　　　小説の感情表現を比較対照するに当たり、主観的要素の見られるモダ
　　　リティ表現に着目して分析するのである。
(7)　オースティンは発話行為を①発語行為　②発話内行為　③発話媒介行
　　　為の3つのタイプに分類した。発語行為は単に語、句、文などを発す
　　　る行為を指し、発話内行為は話者が文を発する中で、その文に習慣上
　　　結びついている力（force）によって、命令・約束・指名・依頼・提案
　　　などを遂行する行為である。
(8)　藤井（2000）は命題目当ての認識的モダリティの表現が、発話・伝
　　　達に対する態度を表す談話標識としても拡張して使われる事例（「だ
　　　ろう」、「ものだ」、「みたいだ」「みたいな」）を報告している。
(9)　第2章2.2参照。
(10)　「ね」はコンテクストによって多様な機能を持つが、基本的には対
　　　人調節の機能を果たす。Onodera（2004: 153-5）では、ポジティヴ・ポ
　　　ライトネス（Brown & Levinson, 1987）を達成し、従ってかかわりあい
　　　をあらわすメタメッセージとして機能するとしている。宇佐美（1997:
　　　264-5）は、改まった場ではネガティヴ、くだけた雑談においてはポ
　　　ジティヴ・ポライトネス・ストラテジーとして機能すると述べている。
　　　守屋（2006）では共同注意（相手と同じ対象をともに見ること）とい
　　　う概念をあげ、「ね」が共同注意を促すと説明している。
(11)　このように、話者の気分や対人関係を表し、読者との感情的関わり
　　　合いに関与する表現を、Maynard（1993: 48-49）は、DM標識と呼ん
　　　でいる。本書では対人機能の標識とする。
(12)　Koven（2002）では口頭の語りで、このような話者の役割を客観的
　　　語り手と区別して対話者（interlocutor）としての役割と述べている。
(13)　第3章注12参照。
(14)　Ramsay（2000）でも、終助詞「わ」「ね」の対応表現が英語にないため、
　　　例えばゲイが話す女性言葉の特徴や、相手とのコンセンサスを大事に
　　　した相互行為として行われる日本人の対話の特徴が失われていること

を指摘している。

(15) 井出・櫻井（1997: 128-139）では、一続きの絵を見せた日英の被験者に絵についてのナラティヴを語らせて、「よ、の、ね」と"you know"やヘッジの使用頻度を比較した。その結果、終助詞の方がかなり使用頻度が高いことが認められた。

(16) 口頭の語りにおいては英語でもこのような現象はよく起こる（Koven, 2002）。

(17) Martin（1975: 914-915）では、「ね」と似た機能を持つとして以下の英語表現を挙げている。'you know, you see, I'd say, I'd think, it seems to me, I mean, I want to tell you'

また vocative（呼格）, endearment や 'now' などを文尾、文中に差し挟むのも、「ね」と同じような親密性を出す機能を持ち、英語では頻繁に行われると指摘する。

(18) 一息で発する音調上の単位で、他に intonational phrase（音調句）、intonation group（音調群）という呼び方があるが、ここでは Chafe（1994）の intonation unit を用いる。イントネーション・ユニットは慣例的にその前後のポーズで区切られるが、その他音節の長さや声の強弱や種々の音質などの変化によって特徴付けられる。チェイフはイントネーション・ユニットの下位分類として、substantial と regulatory を区別しているが、ここで問題にしているものは regulatory intonation unit にあたる。これは対話や情報の流れを調節する機能を持つもので、"well, hmm" のように短いものから "let me see, I think" などがある。またチェイフは regulatory intonation unit はディスコース・マーカーとほぼ一致するとし、さらにディスコース・マーカーはそれだけでイントネーション・ユニットを構成することが多いと述べている（*ibid.*: 64）。

(19) しかし、述べ立ての文が連文の中で使われる時、その発話・伝達のモダリティの発現が抑圧・希薄化される現象があることは認めざるを得ない、とも述べている（仁多, 1991: 73）。

(20) Onodera（2004: 124-7）は「な」「ね」を日本語の談話標識と位置づけ、歴史語用論の立場からその機能を論じているが、「な」「ね」が日本人の会話におけるハーモニー（和・調和）達成を反映する要素であり、

ハーモニーを求めるのは、日本人の相互行為や一般的な社会組織に内在する、言語・文化的特質であり、英語など欧米の諸語との違いを呈しているとする。
(21) 証拠性（evidentiality）は、話者／書き手がある知識をどのようなソースから、どのような方法で得て、どの程度の信頼性或いは有効性を示すかという、認識論的な考慮が言語で示されたものを言う（Chafe, 1986: 262. 参照）。
(22) 伊原（2002）では英語小説の話法表現を直接話法スタイルに訳すと、日本語として馴染みやすいことを述べている。
(23) その他、日本語は引用助詞「と」「って」を始めとして、「～とかってね」「んだって」「やれ～だの、～だの」など引用を取り込む語彙的手段が多く、またさらに、伝達節と引用句の節結合のパタンが多様であるため、引用自体が英語よりも起こりやすいことが示唆されている（山口, 2009: 3 章）。

Tea break 4

訳文比較

　大学生の授業であれば、時に ST と訳文の比較を通して小さな意味のズレをたどっていくことにより、言語・文化の差異やテクスト構造を確認させることも有用である。

　Love Story (Segal, 1970) では、"I'm sorry" —— "Love means never having to say you're sorry" という対話が場面を変えて二度繰り返される。一度目は恋人同士の喧嘩のあと、仲直りのやりとりとして発話され、二度目は恋人の死に対する、父親からのお悔やみとその返答として発話される。日本語訳（板倉 1970）ではどちらの場面でも「すまない」という謝罪の言葉と「愛とは決して後悔しないこと」という返答として繰り返されている。それぞれの場面を読むと、一度目のやりとりは「ごめん」——「愛があるから謝らなくてもいいのよ」という意味のはずであり、二度目は「気の毒に（ご愁傷様）」——「愛しているからお悔やみは結構です」となるべきである。

　この意味のズレの原因をたどっていくと、テクストの構成の中で、繰り返しの機能が担っている役割に気付く。つまり、同じ表現を使うことによって、以前にその表現が使われた場面を読者に思い起こさせ、亡くなった恋人が訴えかけたかった愛の意味を、後の場面で、冷え切っていた父子の間に甦らせているのである。日本語では同じ意味範疇になく、別の言葉で表す他ない「ごめん」と「気の毒に」が、英語でははっきりと切り分けられず、ごく近接した意味範疇として位置付けられ、どちらの場合も "sorry" で表されている。*Macmillan English Dictionary* (2002) によれば、sorry の第一の意味としては、

1) ashamed, embarrassed, or unhappy about something that you have done: Tell your sister you are sorry!

という記述があり、1) に緊密に関連した subsense として下の 1a) の記述がある。

1a) feeling sadness or sympathy for someone because something bad has happened to them: I'm sorry to hear that your father died.

　つまり英語では 1) の意味で主人公が恋人に謝罪する場合にも、1a) の意味で主人公の父親が、お悔やみを述べる場合にも、"I'm sorry" とその返答 "Love means never having to say you're sorry" という同じセリフを繰り返すことができる。その繰り返しによって ST では、息子の恋人の深い愛が父・息子の確執を溶かして、"I'm sorry" と言う必要の無い間柄に戻したと読み手が理解でき、息子が父親の腕の中で泣くというラストシーンに結び付く。

　しかし日本語では英語の sorry の意味領域に等価の表現がないため、それぞれの場面での sorry を正しく訳し分けると、繰り返しの機能が使えなくなる。板倉はそれぞれの場面でのセリフの意味の正確さよりも、繰り返しの機能を優先させたため、TT では印象的ではあるが不自然な訳にならざるを得なかったと考えられる（伊原 2006）。

　この訳文比較を通して、学生はテクストの構成の中で繰り返しが担う機能について学習し、さらに異言語間でどの表現にも、一対一で対応する等価物があるという間違った見方に気付くことになる。このように訳文を比較するという作業では、単に ST と

TTの表層を比べて言語の違いを確認するだけではなく、この作品のように、テクストの構成と、小説の主題を担うキーワードとの関係を問うことにもなる。これは、取り上げ方によっては、作者の意図や作品全体の解釈にも関わる深い読みの実践を学生に体験させることができる。

　翻訳の過程ではどの翻訳者も、言語と文化の壁を越えるために、様々な制限のもとに訳語選択の決定を強いられる。訳文比較をしながら、ST-TT間の小さなズレに気が付くと、そこに潜んでいる制限や、訳者の意図を引き出すこともできる。そのように普段とは違った角度からテクストを眺めてみることも、翻訳活用法の一つといえる。

第7章

話法翻訳：事例研究Ⅲ　自由間接話法を中心に

　第5章と第6章の事例分析では、英語小説の地の文でNRSA/NRTAや間接話法、自由間接話法で表されている登場人物の発言や思考が、日本語テクストにおいては、地の文において引用符で区別されることなく直接話法スタイルに翻訳される傾向を確認した。またその原因が、単なる翻訳者の嗜好や癖からではなく、終助詞や「です、ます」など対人的機能を持つ標識が文末につきやすいという、日本語の言語的特質に起因することを検証した。直接話法が多いということは、登場人物（だけでなく語り手も）の「声」が直接提示されるので、読者にとっては様々な感情的態度を汲み取りやすくなる。

　一方、英語小説の地の文には登場人物や語り手の感情を表すような対人機能の標識が、日本語ほど現れないとなると、英語の小説から感情を読み取ることはできないのだろうか。英語小説の読者は、どのように小説を楽しんでいるのだろうか。本章では、英語小説に情意が欠落しているのではなく、その表出と読み取りのプロセスに違いがあることを論じたい。

　英語の小説に頻出する自由間接話法は、語り手によるナレーションの枠組みを維持しながら、登場人物の「声」を浮かび上がらせることができる。本章ではこの自由間接話法に焦点を当てるが、この話法の形態的特徴や機能については、第4章において説明したので、日・英小説の語りに表れる「声」という概念から、

自由間接話法の使われているディスコースと、それに対応する日本語のディスコースを分析し、日英それぞれの小説における表現方法の違いと、その違いから生じる影響を考える。さらに、日英の言語上の相違を踏まえた上で、英語の自由間接話法の適切な日本語への翻訳を検討し、日本語の自由間接話法に類する表現についても併せて考察する。

1. 語りの「声」を聞く

"She gave up trying to make friends with him." これは第5章の例文（2）でも挙げたが、カーヴァーの 'A small, good thing' という小説の中の一文である。若い母親が誕生日を迎える息子のためにベーカリーに行って、バースデーケーキを注文する。店の主人に向かって、あれこれと息子の話を楽しげにしてみるが、主人は無愛想で一向に話に乗ってこない。母親はこれ以上話しても無駄だと悟り、話をするのをやめる。ここで小説の語り手は、上述のような報告をするのである。日本語訳でも、「彼女は彼と仲良くなるのをあきらめた」と語り手に報告させることができる。しかしこの原文を、思考行為があったことだけを語り手が伝えたNRTA[1]と考え、その場での彼女の思考を想像してみると、彼女の心の中でのつぶやきが聞こえてくる。「こんな人と仲良くなるなんて無理だわ」と、彼女は独り言を言ったのかもしれない。登場人物を外から眺めている語り手が、その事態を客観的に捉えて伝えている最初の訳（「彼女は彼と仲良くなるのをあきらめた」）に比べ、二番目の訳（「こんな人と仲良くなるなんて無理だわ」）では、事態の体験者である母親の心の声として提示されているの

で、読者も彼女が直面した事態の中に自分を置き、自らが体験者となるような認識の仕方[2]をすることになる。同時に女性らしい話しぶりも摑み取ることができる。村上（1989）はこの箇所を次のように訳している。「この人とは仲良くなれそうにもないな、と彼女はあきらめた」。村上訳でも、彼女が心の中で発した「声」として提示している。

一番目と二・三番目の訳の違いは、命題情報よりも、登場人物の「声」がいかに伝えられるか、という点にあり、これは読者の受ける印象を大きく左右する。このように、同じ命題情報を伝えるのにも、事態把握の仕方によって、異なった印象を与えることが分かる。

「語り」という言葉は narrative（物語、体験談）の訳語にも当てられるが、本書では主に語り手が物語をどのように伝えているかというナレーションを指す。小説は、語り手の「地の文」の部分と、登場人物の発話・思考の部分とに分かれるが、実際には語り手が登場人物の視点に立って物語を進行し、この二つの部分が混じり合うことも多い。小説は文字に描かれた作品であり、音声による声が聞こえてくるわけではないが、読者は読みを進める過程で語り手の「声」と登場人物の「声」を主体的に読み取り、復元することによって感情移入を行う。なおこの「声」とは登場人物の発話だけではなく、思考による心の「声」も含む。第6章において、表現形式の上では、日本語の方が英語より感情的態度を表す表現が多く、それらの表現が小説の地の文にも現れやすいことを分析したが、本章では地の文の中で読み取られる「声」に焦点を当てて、日・英小説の感情表出とそれを読み取るプロセスの違いを考察する。さらにその違いが生じるのは、日英語のどのような特質によるのかを解明したい。

次に日本語の小説の地の文に現れる登場人物の「声」が英訳版ではどのように語られているかを見る。ST は『谷』（古井，1981）で、TT はマッキーニ訳である。語り手の「私」と小池と中村の三人は登山仲間であった。「彼女」は後の小池夫人であり、当時女性に臆病になってしまっていた小池の態度に我慢ができなくなって「私」に相談に来る。

(1)a. 求めるかと思うと避ける小池に彼女は業を煮やして、<u>それならあなたのいちばん親しいお友達に会わせてほしい、その人にあなたという人のことを聞いて納得することにしますから</u>、と小池に迫って、私と中村の名前と勤め先を聞き出し、ある日、私のところに電話をかけてきた。<u>余計なお節介はしてくれるな</u>と小池に言われながら私は小池があきらかに彼女に惹かれているのを見て取って、〔…〕（202）

b. she had become exasperated at how he would dodge aside at the last minute, just when he'd seemed to be reaching for her, and she finally demanded that <u>he introduce her to his best friends so that she could learn more about him and come to terms with things a bit</u>; she got from him the names and workplaces of Nakamura and myself, and one day she telephoned me. Koike had told me firmly that <u>I was to keep out of this</u>, but I could clearly see how attracted he was to her, 〔…〕（30）

（1a）の最初の下線部の、「あなた」「お友達」「しますから」や、二番目の下線部の「お節介」「してくれるな」から、読者はそれぞれの登場人物の感情や雰囲気などの発話態度を直接話法の中にそのまま体験できる。一方、（1b）では下線部双方が that 節に組

み込まれており、語り手 "I" の地の文となっている。最初の下線部では伝達動詞 "demanded" から彼女が強く要求した様子が窺われ、二番目の下線部では "firmly" という副詞が小池の強い発話態度を表している。読者は語り手の視点を通して、強い語気でのやりとりを想像できるが、彼らの「声」を直接聞くことはない。

2. 自由間接話法に「声」を聞く

それでは英語話者は英語の小説を読む際、地の文から登場人物の声を聞いて感情移入することがあまりなく、語り手の報告する客観的な声を聞いて小説を味わうのだろうか。

2.1 自由間接話法の読み取り

トゥーラン（Toolan, 1998: 117）によれば、英語小説では自由間接話法を通して、読者は生き生きと登場人物の声を感じ、登場人物自身の言葉でその思考が語られるのを聞くという。ショートらは20世紀の英語小説の思考表現では意識を表す自由間接話法が最も多く使われるという調査報告を出しており（Short, Semino and Culpeper, 1996）、さらにディクソンとボルトラッシの行った実験によれば、英語小説の読者は自由間接話法が使われている登場人物の信念や態度を最も共有しやすいという（Dixon and Bortolussi, 1996）。

ディクソンとボルトラッシによれば、読者は語り手が明示的に語っていないことも読み取る。つまり、読者は読みの過程で語り手の心的表象（mental representation）を作り上げ、語り手が出来事や登場人物をどのように捉えているかを推論する。そして自分

自身の経験や知識と照らし合わせながら、読者は語り手のスタンスを評価・判断しつつ、物語に意味づけをしていく。そのためには語り手の位置が重要な要素となる。一般に、全知の語り手が物語世界の外から、鳥瞰的に事態を眺めて報告している場合は、登場人物と語り手の距離は非常に遠いと考えられる。一方、語り手が登場人物の直面する事態の内部に身をおき、一体化するような場合であれば、登場人物と語り手の距離はきわめて近い、或いは距離が無いと考えられよう。読者は語り手の位置を、語り手の態度や信念を測る手掛りとする。もし語り手がある登場人物に近接していれば、その登場人物の態度や信念を共有すると仮定できる。

　ディクソンとボルトラッシは、語り手の物理的な位置を、様々な話法の提示の仕方によって確認し、その距離を読者がどう捉えているか実験をした。直接話法では語り手は伝達節に存在するので、登場人物の肉声が聞こえる位置にいる。自由間接話法は登場人物と語り手の二つの声が混ざり合うので、双方が近接していると読者が感じる。あまりに近接しているので、どちらの声か分からないこともある。間接話法では語り手の位置は登場人物から離れていても構わない。実験では、男女2人の対話で構成されている小説の男女それぞれの対話を、直接話法、自由間接話法、間接話法に入れ替えて被験者に読ませ、自由間接話法が使われている登場人物に読者が一番語り手を近接させているという結果が出たと報告している。語り手が登場人物に近接して信念や態度を共有すれば、それらは読者の心の中で、他の登場人物よりもっと正当化され、理由付けられるという結果である。読者は語り手に近接している登場人物の態度や信念を語り手に帰して、それらが道理にかない、賢明だと思えるように小説世界を解釈する。これ

が語り手と読者によるコミュニケーションの協調関係である。語り手は男女どちらの登場人物にも近接できるが、コンスタントに語り手の位置が移行すると、読者は混乱に陥るとも述べている（405-410）。

　日本語の小説では、地の文で語り手が登場人物に視点を移した際に、読者は登場人物の直接の声を聞くことによって、登場人物との距離を縮めて一体となり、その行動を自分の体験として解釈していたが、上述の説明によると、英語小説では直接話法よりも、自由間接話法で語り手と登場人物の声が融合したときに、もっとも感情移入しやすいという。ここで、英語小説の中の自由間接話法の部分が、日本語版ではどのように訳され、読者にはどのように読み取られているか分析したい。

2.2　自由間接話法が登場人物の「声」として翻訳された場合

　まず自由間接話法が直接話法として訳されている例を、'A small, good thing' とその村上訳から見る。著者のカーヴァーはミニマリズム [3] を代表する作家である。余分なものを切り捨て淡々とした簡潔な文の中に、誰のどのような声が読み取れるかに注目したい。(2) は交通事故にあって意識不明になっている息子を病院に残し、一時的に帰宅した父親の様子であり、(3) はその夫と交代して帰宅した母親の様子である。スラッグは彼らの飼い犬である。

(2) a. The telephone rang and rang while he unlocked the door and fumbled for the light switch. <u>He shouldn't have left the hospital, he shouldn't have.</u> "Goddamn it!" he said. (62)
　　b. 彼が鍵でドアを開け、もそもそと壁のスイッチを探っている

第7章　話法翻訳：事例研究Ⅲ　　183

あいだずっと、電話のベルがなり続けていた。<u>俺は家になんか帰ってくるべきじゃなかった。俺は病院にいるべきだったんだ。</u>「畜生!」と彼は言った。(102)

(3) a. She closed her eyes and felt sick at her stomach. <u>She would have to make herself eat.</u> Slug came from the back porch and lay down near her feet. (75-76)

b. 目を閉じると胸がむかむかした。<u>でも何か無理に食べなくては。</u>スラッグが裏のポーチからやってきて、足下に横になった。(117)

2a) 下線部は繰り返しを含み、不完全な文構造が直接話法の特徴を示しており、法助動詞の使用からも、自由間接話法であると考えられる。彼の心の中の叫びがかなりはっきりと読み取れるが、動揺している彼を間近に見ている語り手の声も聞こえる。その叫びが実際に彼の口から出たのは、次の直接話法 "Goddamn it!" であった。TT では意識の主体は自分自身を「俺」と呼び、彼の意識は直接話法スタイルで表出されている。(3a) の例では夫が電話口に出るのを待ちながら、息子のことや、不審な電話について、彼女があれこれと思いを巡らせている状況で、彼女の意識が描写されるのは自然である。胃がむかむかするが、しかしなんとか無理にでも食べておかなくてはならないだろうと思っているのは、彼女にごく近接した語り手とも、彼女自身とも考えられる。TT では直接話法スタイルで提示され、読者にははっきりと彼女の声として受け止められる。

(4) a. The doctors called it a hidden occlusion and said it was a one-in-a-million circumstance. <u>Maybe if it could have been detected</u>

somehow and surgery undertaken immediately, they could have saved him. But more than likely not. In any case, what would they have been looking for? Nothing had shown up in the tests or in the X-rays. Dr. Francis was shaken, "I can't tell you how badly I feel. I'm so very sorry, I can't tell you," he said as he led them into the doctor's lounge. (80)

　(4a) の下線部は、前文から医師による説明の続きであることが分かるが、伝達節が無く、法助動詞の使用や "maybe"、"somehow"、"more than likely"、"in any case" などのモダリティ表現や疑問文の語順等から判断して自由間接話法であると考えられる。それまでは冷静であった語りの中に、上に挙げたような不確実なコメントを示す認識様態的表現や法助動詞が、下線部の数行の範囲内でことさらに何度も出現している。これらは語り手のではなく、医師の心的態度を表していると同時に、自信の無い医師のあやふやな弁明を、語り手が批判的なトーンで報告しているともとれる。読者は、両親に息子の死について説明する医師の声と、その医師の様子を皮肉たっぷりに報告する語り手の声を二重に聞くこととなる（Pascal, 1977 参照）。文法的・語彙的な標識として、文章の表層にはっきりと現れずとも、読者がコンテクストに即して、語り手の皮肉や批判を含んだ表情やイントネーションを復元しようとするところに、自由間接話法の表現効果があると言えよう（Vološinov, 1973: 155; Neumann, 1992: 120 参照）。日本語のように、登場人物の声を明示するような対人機能の標識が付かないからこそ、英語の小説では、読者が自由に複数の声のイントネーションを重ねて想像することができるとも言える。

　さらに (4a) に挙げた箇所の直前で、ベッド上の息子が突然目

を開く。"Scotty, honey, it's Mommy and Daddy" と直接話法で両親の必死の呼びかけが提示される。息子の手を握り、額にキスを繰り返す両親の眼の前で、息子は末期の時を迎える。ここでは当然両親の視点が意識される。さらに、少年の突然の死というストーリーを、両親の不安や苦しみを通して読み進めてきた読者は、両親に感情移入をしながらこの箇所を読むだろう。息子の最期を見守った観察者としての両親の視点が読者の中にある。従って医師の言葉を、絶望感とともに何とか理解して受け止めようとしている両親の態度も感じ取るはずである。英語読者はこの自由間接話法から、複数の声と複雑な情意の多重性を味わうことが可能である。ボロシノフ（Vološinov, 1973）は、言語表現には常に複雑な複数の視点を代表する声が響いているため、多重の声（ポリフォニー）が認められ、どの発話もお互いに関連し合いながら、反映しあい影響しあうと述べている。引用、特に自由間接話法は、この複数の声を反映するのに便利な手段であると考えることができる。次にこの箇所の日本語版を挙げよう。

(4)b. 医師たちはそれを不可視閉塞と呼んだ。百万に一つの症例なのだと彼等は言った。<u>あるいはそれが何とかわかっていたら、そしてその場ですぐ外科手術を行っていたなら、命を救うこともできたかもしれませんでした。でもそれもおそらく難しかったでしょう。とにかく私たちには知りようもなかったんです。検査でも、レントゲン撮影でも、不審な点は何も出てこなかったんです。</u>フランシス医師はがっくりしていた。「本当にお気の毒です。申し訳なく思っています。何とも申し上げる言葉もありません」彼はそう言って、医師用のラウンジに二人を連れて行った。（村上訳：123-124）

(4b)の下線部は、「私たち」「です（でした、でしょう）」の使用などにより直接話法スタイルで提示されており、読者ははっきりと医師の声を聞きその姿を想像するので、語り手が批判的に報告する声を聞く余地は極めて少ない。山口（2003: 309-310）は、'The daughter of the late colonel'（Mansfield, 1922）から下記の部分を引用して、自由間接話法がもたらすアイロニーを次のように説明している。

(5) a. spasm of pity squeezed her heart. <u>Poor little thing! She wished she'd left a tiny piece of biscuit on the dressing-table.</u>（90）

　下線部は、夜中に物音を立てるネズミを思いやった主人公"she"の心情を自由間接話法で提示している。表面上は語り手の存在が消されているにもかかわらず、読者が読みの過程で語り手と向かい合うような対話的状況を復元するので、読者に語り手の声が聞こえる。自由間接話法で提示された言葉が額面どおり受け取れない場合には、読者は解釈の整合性を求めて、アイロニーを読み取ることが可能である。こうして語り手の言葉のなかに、語り手が使いそうにない語彙が取り込まれると、あるいはまた語り手の価値観とは違う判断が提示されると、そのズレに読者はアイロニーを感じ、語り手がはっきりと批判しないことがかえって効果的になるのである。
　参考までに（5a）は大沢訳では次のように訳されている。

(5) b. こみ上げてくる憐れみの情が彼女の胸を締めつけた。<u>かわいそうな小さなもの！化粧台の上に、小っちゃなビスケットの</u>

第7章　話法翻訳：事例研究Ⅲ　　187

<u>はしでも残しておいてあげればよかったのにと</u>思った。(196)

　(5b) では直接話法の形をとって、「彼女」の声として提示されている。そのため、語り手が冷ややかに提示しているという印象はあまり感じられない。言語構造の違いを考えると、英語の自由間接話法の機能をそのまま日本語に移すのは困難と言わざるを得ない。

　(2、3、4、5) の例において、英語の自由間接話法では様々な声が他者の声や視点と関係し合いながら、微妙に響きあっており、その声を聞き分けるのは読者自身である (cf. McHale, 1978; Neumann, 1992)。和訳の読者は、それぞれの役割を持つ登場人物の特徴的な話し方で生の声を聞き、そのままストーリー展開を解釈することができる。直接の声は臨場感を生み、読者はそのまま感情を受け取りやすくなるのだが、裏を返せば特定の人物の声として一義的解釈を固定化してしまうことによって、読者が混ざり合う声を聞き分けたり、そこに暗示される語り手の批判を推論したりするプロセスの楽しみが薄れてしまうとも考えられよう。またそれは、本来多義的解釈の可能性を備えている文学テクストにあって、解釈の幅を狭めてしまう結果にも繋がるのではないだろうか。

　それでは、自由間接話法を語り手の声として間接話法的に訳せばどうだろうか。次節でその例を紹介したい。

2.3　自由間接話法が語り手の「声」として翻訳された場合

　次の小説の主人公、フランキーは母親のいない 12 歳の多感な少女である。父親とも気まずい関係で、話し相手は黒人のお手伝い (ベレニス) だけだった。どこにも自分の居場所を見つけられ

ず、不安定な気持ちを抱えている。

(6) a. This was the summer when Frankie was sick and tired of being Frankie. ① <u>She hated herself, and had become a loafer and a big no-good who hung around the summer kitchen: dirty and greedy and mean and sad.</u> ② <u>Besides being too mean to live, she was a criminal.</u> ③ <u>If the Law knew about her, she could be tried in the courthouse and locked up in the jail.</u> ④ <u>Yet Frankie had not always been a criminal and a big no-good.</u> Until the April of that year, and all the years of her life before, she had been like other people. She belonged to a club and was in the seventh grade at school. (McCullers, *The Member of the Wedding*: 29)

　フランキーが、自分が自分であることに嫌気がさしているという説明に続いて、彼女の内省が描かれていることは明らかである。(6a)の下線部全体にわたって、それまでの地の文の洗練された語り手の文体とは一変して、"and"の繰り返しと単純な文構造になっており、読者はフランキーの子供っぽい話しぶりをことさらに真似た語り手の存在に気付くであろう。

　下線部①の"and"の繰り返しで羅列されている "a loafer", "a big no-good", "dirty", "greedy", "mean" といった語句は、フランキーがいつもベレニスから叱られて頭にこびりついた言葉であり、そのため彼女は自分のことをそう思い込んでいるのだろう。語り手ではない、子供の頭に浮かんでいる言葉として提示されているため、読者はそんな言葉を投げつけて叱ったベレニスや、不安定な気持ちを抱え込んでいるフランキーに対して、ユーモアと皮肉の入り混じった報告をする語り手の態度を感じ取ることになる。

下線部②と③は、生きている値打ちがないほど意地悪な上に、自分は犯罪者であって、捕まって牢屋に入れられるかもしれない、と子供っぽい思いつめ方を揶揄するような語り手の声が響くだろう。"Criminal" に始まって "the Law", "be tried", "courthouse" と、下線部①で並べられていた日常的な言葉に比べると明らかに位相の違う語群である。このアンバランスさからも、大人ぶってみたい宙ぶらりんのフランキーの子供っぽさが目に付き、それをあえて報告する語り手のイントネーションまでもが響くようである。全て自由間接話法と考えられ、フランキー自身の声が聞こえるかと思うと、彼女を揶揄する語り手の声も聞こえる。さらに、"too mean to live" や "locked up in the jail" は、ベレニスに叱られたり、からかわれたりした言葉なので、読者はそこにベレニスの視点も感じ取り、まさに多重の声を体験する。下線部④では①、②で使われた言葉の繰り返しによってベレニスの声を響かせ、その言葉に対して「そんなこと言うけど、私だって前はこんなじゃなかった」というフランキーの弁解と、それを外から冷静に報告する語り手の声が混ざり合う。次にこの箇所の和訳を見る。

(6)b. この夏フランキーは、自分に飽き飽きしていた。⑤<u>自分がたまらなく嫌いだった。</u>⑥<u>一日中台所をうろついている自分は、浮浪者か、背の育ちすぎた不良娘としか思えなかった。</u>⑦<u>いつも不潔で、貪欲で、下品で、悲しいのだ。</u>⑧<u>その上面と向かって品がないと言われて、フランキーは自分の嫌なところが、もはやほとんど犯罪的になっているという気がした。</u>⑨<u>警察に知れたら牢屋にいれられるかもしれない。</u>⑩<u>フランキーだって、生まれつきこんなふうな犯罪者や不良娘だったわけではない。</u>その年の四月までの彼女の人生は、他の人たちと大差なかっ

た。所属するクラブもあったし、学校では七学年に通っていた。（加島祥造訳：37-38）

（6b）の下線部⑤、⑥、⑦は「自分」[4]「のだ」[5]という言葉遣いからもフランキーの意識を述べていることは分かるが、子供らしい物言いではないし "big no-good" のようなベレニスの口ぶりを感じさせる表現もない。全て語り手口調で述べられているので、他の地の文から浮き上がっておらず、語り手がことさらに子供の言葉を真似て提示しているというアイロニーは感じられない。

下線部⑧はフランキーの状況や気持ちを、語り手が大人の立場から説明しているという形をとっている。翻訳者は、原文の自由間接話法に響き合うベレニスの小言や、少女の嘆きや、語り手の揶揄を全て表そうとして、このような訳を選択したとも推察されるが、この文からは語り手の声しか聞こえにくい。STでは、フランキーの声も、同情と揶揄の混じり合った目で眺めている語り手の声も、自由間接話法によって簡潔に描写されている。TTでは語り手の声が前面に出てどうしても説明的になってしまっている。揶揄やユーモアは説明されてしまうと、効果が弱まるものである。下線部⑨はフランキーの声ともとれるが、⑩は語り手と考えられる。全体を通して語り手が前面に出ており、フランキーと語り手の対峙を描写し得ていない。

次の例はアガサ・クリスティの Three-Act Tragedy で、b は田村訳である。

(7) a. As he closed the door he looked back. <u>Miss Wills was not looking at him. She was standing where he had left her. She was gazing at the</u>

第7章　話法翻訳：事例研究Ⅲ　　191

<u>fire, and on her lips was a smile of satisfied malice.</u> Sir Charles was startled.（245）

b. 彼はドアを閉めるとき、後を振り返った。<u>ウィルズは、彼の方を見ていなかった。彼女はもとのところに立ったまま暖炉の火をみつめていたが、その唇には、満足しきった悪意の笑いがただよっていた。</u>チャールズはぎくりとした。（263）

　彼（チャールズ）はドアを閉めて後ろを振り返る。そこから下線部で、彼の目に映った情景が描写されている。下線部始めの3文は過去進行形になっており、エアリッヒ（1990: 83）も指摘するように、ある文脈において単純過去ではなく過去進行形を用いると、登場人物の視点から出来事を描写していると解釈されることが多い[6]。つまり、(7a) 下線部の進行相の文連鎖は、彼女（ウィルズ）の様子を、彼が今まさに知覚していることを表しているので自由間接話法と考えることもできる。彼女のスマイルに悪意を感じ取ったのはチャールズであり、そのために彼はギョッとしたと繋がる。しかし、"he" という3人称と過去時制が使われており、全てを鳥瞰的に眺めている語り手が、それを報告している声も聞こえる。

　(7b) では、特にチャールズの視点を感じる言語的現象はなく、二重線の箇所や過去時制の使用などから、語り手が彼と彼女の両方を外から見て、報告しているように読める。同小説の (7c) の西脇訳ではどうだろう。

(7)c. ドアを閉めるとき彼はふり返った。<u>ウィルズ女史は自分を見ていなかった。さっきの場所に立ったままだった。彼女は暖炉の火をじっと見つめていた。彼女の唇は、満足そうな悪意</u>

<u>の笑いをたたえていた。</u>チャールズはドキッとした。(242)

(7c) では語りの口調には特に変化は見られないものの、二重下線の「自分」が意識の主体を表しており、チャールズの視点から語られている。次の二重下線の「さっき」もチャールズを原点とした直示語である。しかし過去形のこととして描かれ、距離感も感じられる。ここに現れた「自分」は「僕、俺、私」と比べると直接性が低く、「彼」や名前（チャールズ）に比べると直接性が高い。(7c) の訳は、(2)–(5) の訳のようには登場人物の直接の声を聞かないが、登場人物の意識も感じながら、語り手の声を聞ける点で、英語の自由間接話法に近いと言うことができるだろう。

3. 「声」の受けとめ方

第6章で考察したように、日本語は終助詞などのような対人機能を表す標識が付きやすく、そうなると例えば文末表現などから、主語が明示されていなくても、誰の視点か、どういう感情を持っているか、ということがはっきりと提示されやすい。そのため翻訳者が訳語選択をする際に、語り手の言葉か登場人物の言葉か、どちらかにつかざるを得なくなることが多い。

松田（1977: 1-16）では「英語の『描出話法［自由間接話法］』に相当した表現は日本語にはないのであるが、『内的独白』による表現、また直接話法のように訳すことにより、そのニュアンスを完全に伝えうる」「この描出話法をそのまま文字通り直訳するのは、訳の巧拙の問題ではなく、明らかに誤訳であるといわなく

てはならない」と述べている。「そのまま文字通り直訳する」というのは、3人称過去時制で書かれているものは、語り手視点で和訳するという意味であろう。

また実際に数多くの小説翻訳を手がけた行方も、著書（2007: 103-108）の中で自由間接話法の訳例を挙げている。

(8) a. She might have done so; but she wouldn't; it was against her principles; she didn't want to force his love in any way. (Huxley, A. *Point Counter Point*)
 b. 本当にそう言ってもよかったところだ。<u>でも、それは言いたくない。自分の信条に反するもの。あの人の愛を強要するのは、どうしてもいやだわ。</u>

行方は下線部を描出話法として「彼女の心理的な内面が出ているように」訳したが客観的な地の文としての訳も可能である。「しかし生き生きとした訳文」になるので、自由間接話法にとれるときはほとんど登場人物の声として訳す（108）と述べている。確かに本章の例文からも、登場人物の声として訳したほうが読み取りやすいことが分かる。さらに、当該の英文が自由間接話法であり、登場人物の声も表していることに気付かずに、形式通り語り手の声だけを訳すと、確かに明らかな誤訳となる場合もある。

このように、自由間接話法を登場人物の声として訳すのはバンフィールド（Banfield, 1982, 1993）による自由間接話法の解釈と相通ずる点がある。バンフィールドは変形文法の知見を用いて文学の表現を言語学的に説明しようとした。彼女によれば西欧の3人称小説には、口頭のコミュニケーションにおけるような、聞き手を想定した話者（つまり語り手）は存在しない。「自由間接

話法は文学特有の現象であり」、それは「言語のコミュニケーション機能から解き放たれて表出機能（expressive function）が出現した形式」（Banfield, 1993: 340）であって、伝達者（語り手）が「語ることのない」文であるとする。彼女によれば3人称小説の自由間接話法は登場人物の思考や意識を描出するものとして提示される。その中では動詞の過去時制は過去形の機能を持たず[7]、3人称代名詞によって示されている「意識の主体」の思考や発話が再現されている。語り手の存在は拭い去られ、登場人物の視点だけが支配する[8]。この考え方は例文（2）–（5）や（8）の日本語訳に当てはまるものだ。それらは3人称で表されている登場人物の〈今、ここ〉に立って、その登場人物らしさの表れる直接話法で訳されている。そしてこれらの訳は、読者が基本的な意味を捉える点で非常に分かりやすい。

　しかし語り手の姿を消し去り、登場人物の〈今・ここ〉で捉えた体験だけを表現したものと考えることは、読者が様々な声の多重性を聞く可能性を封じ込めることを意味する。自由間接話法の効果は、文章の表層に現れる文法的な標識だけでは決定できない、コンテクストに即した解釈の幅にあると言えよう。それでは、終助詞などを伴って直接話法スタイルになりやすい日本語では、自由間接話法の英語ディスコースをどのように表せばよいのだろうか。

　この問題を考える前に、次節でもう少し自由間接話法の特質について考えてみよう。

4. 3人称過去時制に見る displaced immediacy の効果

チェイフ (Chafe, 1992: 249-253) は *Big Two-Hearted River* (Hemingway, 1967) の一部を引用して、読者が主人公 Nick の意識を「遠隔化した近接性」(displaced immediacy) として追体験すると説明している。過去時制は体験者からの時空間の遠隔化、3人称代名詞は体験者からの自己 (self) の遠隔化を示し、それらの存在が語り手 (描出意識) と登場人物 (描出された意識) との分離を示唆する (Chafe, 1994: 248-249)。この二重性が 3 人称小説に備わった表現効果となる。

(9) a. Nick put the frying pan on the grill over the flames. He was hungrier. The beans and spaghetti warmed. Nick stirred them and mixed them together. <u>They began to bubble, making little bubbles that rose with difficulty to the surface. There was a good smell.</u> (Chafe 1992: 251)

ニックはフライパンを火にかけた。ますますおなかが減ってきたニックは、煮立ってきた豆とスパゲティをかき混ぜる。そのフライパンの中で泡がブツブツと表面に浮かび上がる様子は、第三者の遠隔化した体験としてではなく、ニックの近接した知覚体験として、鮮明に描写されており、読者はこの体験を遠い過去のものとしてでなく、近接した経験として捉える。さらに、美味しそうな匂いだと体験したのは語り手ではなくニックである。この2文 (下線部) は自由間接話法と考えられるが、文法上は距離をとった語り手が、過去の事として報告している。では下記のように、初めから Nick の時空間を原点として彼の心を直接表出すれ

ばどうだろう。

(9) b. I put the frying pan on the grill over the flames. I am hungrier. The beans and spaghetti warm. I stir them and mix them together. They begin to bubble, making little bubbles that rise with difficulty to the surface. There is a good smell. (*ibid*.: 252)

チェイフによれば、こうすると今語っている意識（proximal consciousness: 語り手の意識）と Nick の意識との距離はなくなり、Nick の意識がそのまま直接描写されている。その結果、遠隔化された Nick の体験が proximal consciousness に持ち込まれるために生まれる叙情性の効果はなくなる。語り手が登場人物の意識をある程度距離を置いて描出するところに客観性が生じ、距離感と近接性の中に、読者は言葉に備わっている意識を感じて、美的鑑賞眼を刺激されると述べている。

　それでは、時制と人称のふるまいが異なる日本語において、この距離感と近接性を同時に表すことができるのだろうか。これは言い換えれば、語り手の声と登場人物の声をどのように表せるのかという問題である。

5. 響き合う二つの「声」

　例文 (2, 3, 4) と同じ小説の最終章で、パン屋がひたすらパン作りにかけて来た自分の思いを、店にやってきた夫妻にとうとうと話して聞かせる場面がある。孤独感と喪失感を持っていた彼らの気持ちが通い合う、この小説の最も重要と思われる場面であ

る。提示した箇所の少し前に、"Then he [=the baker] began to talk. They listened carefully." とあるので、下の部分が内省ではなく実際の発話であったことが分かる（分析にあたって、全体を A, B, C の三つの部分に分けた）。

(10) a. A) He told them what it was like to be childless all these years. B) To repeat the days with the ovens endlessly full and endlessly empty. The party food, the celebrations he'd worked over. Icing knuckle-deep. The tiny wedding couples stuck into cakes. Hundreds of them, no, thousands by now. Birthdays. Just imagine all those candles burning. C) He had a necessary trade. He was a baker. He was glad he wasn't a florist. It was better to be feeding people. This was a better smell anytime than flowers. (88-89)

b. A) この歳までずっと子供も持たずに生きてくるというのがどれほど寂しいものか、彼は二人に語った。B) オーヴンをいっぱいにしてオーヴンを空っぽにしてという、ただそれだけを毎日繰り返すことが、どういうものかということを。パーティーの食事<u>やら</u>お祝いのケーキ<u>やら</u>を作り続けるのがどういうものかということを。指のつけねまでも<u>どっぷりと</u>潰かるアイシング。ケーキについた小さな飾りの新郎新婦。そういうのが何百と続くのだ。いや、今ではもう何千という数になるだろう。誕生日。それだけのキャンドルが一斉に燃えあがる様を想像してみるがいい。C) <u>彼</u>は世の中の役にたつ仕事をしているのだ。<u>彼</u>はパン屋なのだ。<u>彼</u>は花屋にならなくてよかった<u>と思っている</u>。花を売るよりは、人に何かを食べてもらう方がずっといい。匂いだって、花よりは食べ物の方がずっといい。(132-133)

STのA）は間接話法で語り手の声によって述べられている。B）は名詞句の羅列になっていて、下線部のhe'd以外は述語動詞も人称代名詞も無く、従って語り手の声が消えている。1文目はA）の"what it was like"のあとに埋め込まれて語り手の声と思われるが、"... endlessly full and endlessly empty."の繰り返しはパン屋による話し言葉も想起させる。2文目以降は短く、文型も単純であり、話し言葉の特徴を示しており、B）の最後の文章はその場で話を聞いている「彼等」に対する命令形になっており、対人的機能を表しているが、このB）すべてが、パン屋による口頭の語りという体裁をとっており、かなり登場人物の独白に近い形をとっている。ミニマリズム作家である冷静なカーヴァーの文体にあって、地の文の中にこのような登場人物の声が表れるのは、このSTの中では異質である。そのためこの箇所が非常に印象に残り、孤独にパン作りをしてきたというパン屋の心情が浮かび上がるのである。C）は自由間接話法になっており、3人称と過去時制の使用から少しパン屋に距離感を持って語り手の声を感じるが、短い文章からパン屋の話し言葉の雰囲気を読みとることもできる[9]。また直示語のthisからも今パン屋が焼きたてのパンを振る舞いながら話しているのが分かる。

　TTの方は小説全編に渡って、直接話法の多用が観察され[10]、そのことが日本人読者にとって読みやすさをもたらしていることを述べたが、このA）～C）の訳ではそれまでの直接話法スタイルからはずれ、語り手とパン屋の声が混在した形をとっている。A）冒頭の「これ」はパン屋の視点が現れているが、それ以外はパン屋の口調やモダリティがなく、語り手の口調に近い。B）の初めの2文は、A）の最後「彼は二人に語った」に続く間接話法の

第7章　話法翻訳：事例研究III　　199

形と思われる。それ以降は全て非過去形が使われ、語り手の発話時から過去の出来事について報告するという形ではない。TTでもB）は名詞句の形をとった文が多く、STに対応している。ここはパン屋の視点でパン屋の発話であるはずだが、パン屋のイディオレクトが反映されていない。下線部の「やら～やら」と「どっぷりと」に幾分話し言葉の特徴を見る程度である。例に挙げた箇所の少し前に引用符付きで表されたパン屋の口調は「あたしは邪悪な人間じゃありません。そう思っとります。あたしは奥さんが電話で言われたような邪悪な人間じゃありません。つまるところ、あたしは人間としてのまっとうな生き方というのがわからなくなっちまったんです。そのことをわかって下さい。お願いです」「ちゃんと食べて、頑張って生きていかなきゃならんのだから」のように、話すことには不器用な、職人気質でやや年配の男性という印象を与える。客である「彼等」に対しては丁寧語で話すのが普通である。B）は明らかにパン屋より洗練された語り手の口調で整然と語られている。最後の「想像してみるがいい」にしても、実際のパン屋の声として提示するなら「想像してもごらんなさい、想像して下さいよ」のような表現が使われるはずである。読者はB）を対話の言葉としてではなく、パン屋の独白として読み取るだろう。C）は文章の構造としては単純な短文であり、パン屋の主張であることはよく分かる。しかし3人称代名詞「彼」が使われているところが、外からパン屋を見て指示している語り手の声を感じさせる。最後の2文はパン屋の声そのままとも思われるが、しかしそれなら丁寧語を使用する可能性が高いので、語り手が自身とパン屋を同一視してパン屋の内面に重なり、語っているとする方が考えやすい。

　C）にこのTTの他の部分にあるような直接話法型の翻訳を当

てはめることも当然考えられる。現にこの箇所は、『アメリカ文学のレッスン』と題した柴田（2000: 34-36）の中で、直接話法スタイルで翻訳されている。柴田訳は、A), B) の話法のスタイルに関して言えば、B) の最後の命令文が「あの蝋燭が全部ともっているところ、想像してみてくださいよ」とパン屋の声が明示されている以外は、村上訳とほとんど変わらないので、C) のみを以下に挙げる。

(10)c. C) 私はなくてはならん商売をやってるんです。私はパン屋なんです。花屋じゃなくてよかった。人に食べ物を与える方がいいですよね。この方が絶対、花よりいい匂いです。

　柴田の訳は、先に挙げた日本語の小説の傾向に合致して、登場人物の声として訳されている。この両者の翻訳を比較する前に、考えておかなければいけない点がある。それは翻訳のスコポス（目的）の違いである。村上訳は翻訳小説として ST を完訳したものであり、ST から独立した一編の小説として機能している。当然テクスト全体の構成[11]、もっとはっきり言えばこの (10) で挙げた箇所が、小説最後の山場であるというテクストの中で果たす役割についての考慮があっただろう。他方、柴田訳は、数十編のアメリカ文学の抄訳を紹介し、そこからアメリカ文学の何がしかを読者に学び取って欲しいという目的のテクストに収められている。一部しか訳さないのだから、小説全体の構成よりも、その一部がどれほど理解しやすいかということが重要となろう。加えて、筆者の柴田は大学で教鞭をとりながら、数々の文学作品の翻訳者としても高名である。最後のエピローグでも翻訳について触れており、この著書が翻訳指南書として機能することも考慮に

あっただろう。そうすれば、英語小説の中の自由間接話法を読み取り、それを登場人物の声として直接話法スタイルで訳す方が、分かりやすい、こなれた日本語訳として適切と考えられる。したがって、本書のこれまでの分析に照らしても、柴田訳が登場人物寄りの同化的翻訳をとっていることに不思議はない。

　それでは、村上がこの TT の他の部分の話法翻訳の同化的傾向に反して、あえてこの部分を、ST とは反対方向に間接性を示す訳をした理由と、そのために生まれた効果を考えてみたい。まず、ST 全体の地の文は 3 人称過去時制の語り手視点で統一されており、これが英語の小説の一般的な形式である。もちろん詳細に読めば、自由間接話法によって、時や場所を表すダイクティックな副詞が、語り手でなく登場人物視点を反映していたり、法助動詞の過去形が実際は過去時制を表さないという例はあるが、日本語の小説ほど登場人物視点と語り手視点とが入り交ざることは、「パースペクティヴの喪失を意味する」(牧野, 1978: 48) のである。特にミニマリズム作家であるカーヴァーのこの作品は、登場人物と距離をとり、あまり情緒的にならず、簡潔な文体で書かれているので、地の文の中に突然現れた話し言葉的な文体は他の部分から浮かび上がって、来る日も来る日もケーキを焼き続けて暮らしてきたというパン屋の哀歓と、それに支えられた自信や誇りが印象的に読者に伝わるだろう。その効果を移すためには、TT でも同様な話し言葉を用いる事は有効でないことが分かる。なぜならテクスト内の繋がりから考えると、TT 全体の地の文には登場人物の声を表す話し言葉が、直接話法スタイルをとって多く現れているからだ[12]。それらの話し言葉は自然に、分りやすく読者の頭に入るが、珍しくはないので ST での話し言葉が持つような新鮮な印象は持ち得ない。それ故パン屋の発話のはず

なのに、語り手の口調を借りて訳した方が、印象に残りやすいと考えられる。この（10b）の部分には平凡な日常生活の積み重ねの中に、大切なものが見つけられるという小説のテーマが、整然とした語り手口調の中に凝縮されている。語り手の話し口調というのはパン屋の個性をまとわない標準語で書かれている。標準語は「誰の言葉でもない代わりに、誰の心をも自由に描くことができる、いわば〈内面語〉としてふさわしい」という金水（2003: 71）の指摘もある。読者はパン屋の臨場感溢れる直接の声によってたやすく共感するよりも、語り手の言葉の中にパン屋の心情を読み解く知的な喜びを味わうはずである。このようにこれらの文では語り手の声とパン屋の声が混ざり合って響いており、英語の自由間接話法と極めて近い機能を果たしている。このような文が日本語での自由間接話法と呼べるものではないだろうか。

6. 自由間接話法の和訳に当たって

　ここで、英語の自由間接話法の日本語訳として適切な形は何かという問題を考えよう[13]。これに対処するには、テクストの中で当該の表現がどのような解釈の可能性を託され、どのような表現効果を担っているのかを、詳しく考える必要がある。ここでは自由間接話法における二重の声の再現に主眼を置いて分析を行い、二重の声やその効果が翻訳によってどのように移されているか、あるいは変わっているかを確認したい。

6.1　自由間接話法の解釈の幅
　自由間接話法の読み取りは、形態的な特徴からだけではなく、

所与の表現がテクスト内でどのような機能を持たされているかに関わってくる [14]。その表現の現れるテクスト前後の文脈や、読者が登場人物にどれだけ共感できるか、読者がその表現をテクスト内でどのように関係付けるのかによって、受けとり方は一様でない。語り手の視点が優勢であるのか、登場人物の内省を語り手が代弁しているのか、登場人物の声をほとんどそのまま語り手が提示したいのかは、文法表記や登場人物を原点にした直示語が使われているのかどうかだけでなく、登場人物の知覚や思考、あるいは発話であることが分かる言葉が使われているかなど、意味領域から解釈されなければならない点が多い。英語の3人称過去時制での語りの中に現れる自由間接話法は、この解釈を読者に委ねるものである。内田（1997: 173）は関連性理論の観点から、フィクションにおける自由間接話法は、誰の発話／思考なのかを読者が考える過程で処理労力を増やすことによって、読者自身がそれを読み解いた時の認知効果を高める方略であると論じている。当然この解釈には揺れがあり、読者側の感情移入の度合いや読解力に拠る揺れもあれば、当該の自由間接話法が登場人物の生の声に近接したものから、語り手による要約に近いものまで幅があるために生じる揺れもある。そこで様々な幅のある自由間接話法の例をもう少し見てみたい。

6.2 「声」を限定しない和訳の例

本章では何編かの小説を例にとって、自由間接話法がどのように翻訳されているかを既に分析した。2.2 では自由間接話法が登場人物の声として直接話法で訳された例を、2.3 では語り手の声として間接話法的に訳された例を検討した。しかし 2.3 の（7c）や、第 5 節の（10b）では、登場人物の視点であることは明らか

なものの、口調は語り手であるという、声の主を限定できない翻訳例も見た。ここでもう一例の翻訳を見てみよう。

(11) a. Liking him she opened the door and looked out. It was raining harder. A man in a rubber cape was crossing the empty square to the cafe. The cat would be around to the right. Perhaps she could go along under the eaves. As she stood in the doorway an umbrella opened behind her. It was the maid who looked after their room.（Hemingway, 'Cat in the rain': 324）

b. この老人を好きだと思いながらドアを開けて外を見た。雨が、いっそうはげしく降っていた。ゴムの合羽を着た男が、人気のない広場を横切ってカフェのほうへ歩いていった。猫は右手へまわったところにいるはずだった。軒づたいに行けるだろう。入り口に立っていると、うしろで傘が開いた。部屋の係りの女中だった。（大久保康雄訳：65）

(11a) の例では女性がドアを開けた後、彼女の目に映っている情景が描写されている（破線部）。このような知覚的描写があれば、その観察者である女性の視点が意識され、自由間接話法を導くことが知られている。次に続く下線部は would、right、perhaps、could の使用からも、情景を見ながら先ほど見た猫のことを考えている彼女の内省が自由間接話法で表されていると理解できる。TT の (11b) でも、「軒づたいに行けるだろう」以外はすべて過去時制で統一され、ST と呼応している。下線部「猫〔…〕いるはずだった」の主語は猫だが、そう思ったのは過去形が使われているところから「彼女」の心内に入り込んで内的に参加した語り手のように思われる。「軒づたいに行けるだろう」は

「私は」なのか「彼女は」なのか主語が明示されておらず、「だろう」というモダリティも、「彼女」の立場に立った語り手のものとも、彼女自身のものとも思われ、この点でも ST と呼応する。日本語での自由間接話法訳が登場人物視点で直接話法スタイルが多いとすると、「多分、軒づたいに行けばいいんだわ」という訳も考えられ、この場合主語は明示されていなくても「私は」に限定される。このような訳に比べると、(11b) の読者は登場人物から距離を感じるだろう。しかし簡潔に構成されたヘミングウェイの文体を翻訳するには、この距離感は必要な要素と考えられる。二つの声を提示するという点では自由間接話法の機能が移されており、異化訳ということになる。因みに、同じ箇所の高見訳 (1996) も参照してみよう。

(11)c. その思いを新たにしながら入り口の扉を開けると、彼女は外を見渡した。雨足がひときわ強くなっていた。ゴムカッパを着た男が人気のない広場を横切って、カフェに歩み寄ろうとしている。猫がいるのは右手のほうだろう。ひさし伝いに行けるかもしれない。戸口に立っている彼女の背後で傘がひらいた。彼女たちの部屋を担当しているメイドだった。(202)

高見訳では ST の破線部の進行相の 2 文が、完了相と現在進行形で訳されている。それらに続く下線部も現在形で訳されているため、大久保訳よりもさらに彼女の視点がクローズアップされている。しかし口調は幼い妻である彼女のものではなく、語り手のものである。大久保訳と程度の差はあるが、やはり二つの声を同時に提示している。

6.3　日本語にできること

　池上（2000: 296）の指摘する「日本語の話し手の直接体験的な受けとり方への志向性」を考慮すると、第5章で考察したように、日本語では直接話法スタイルで述べられた発話が読者の心にもっとも受け入れやすいと言える。しかし（10b）や（11b, c）を検討すると、自由間接話法をいつも登場人物視点の直接話法で訳すべしとすることに疑問が生じる。英語の自由間接話法は3人称・過去時制を使いながら、登場人物の視点も同時に表すという機能を持つことを見てきたが、日本語ではそれと同様なことができないのだろうか。

　山岡（2001）はまず日本の物語では視点（見る点）と発話点（語る点）が重なる事が多く、西洋の物語では視点と発話点が違うと指摘する[15]。山岡によれば日本語の物語では語り手も物語世界内に意識の主体として存在できるので、語り手は登場人物の心内に入り込んでその地点から登場人物の声で発話できるが、西洋の物語の語り手は物語世界に登場できないという物語上の規約が厳然として存在しているため、登場人物の発話時点に移行することはできない（23）という[16]。つまり日本語の小説によく見られるように、地の文の中で語り手が登場人物に視点を移し、登場人物の声で語るということはあまりなく、全てを見通す全知の語り手が物語を外から眺めて、報告するということである。西欧語の物語の自由間接話法が醸し出す微妙な味は、「3人称代名詞と過去時制によって作り出される語り手と登場人物の空間的・時間的距離が、絶対必要条件となる」（146）。一方「日本語の物語の場合、語り手と登場人物は融合し易く、登場人物が物語世界の現場から、眼前の出来事・状況を知覚・体験すると同時に語るという、内的独白が頻繁に行われる傾向がある」（146-147）が、そ

の際主体者である登場人物はゼロ代名詞化され、動詞は現在時制か完了相が用いられるので距離が近くなる。従って「日本語の物語では、西欧流の自由間接話法は不可能である」(147) と結論付けている。

時制や人称の取り扱い方の違いを考えると、山岡が指摘するように英語と同等の自由間接話法を日本文に求めるのは難しいと思われる。しかし (10b) や (11b, c) の訳に見られたように、日本語でもはっきりと登場人物の声と規定せずに、言い換えれば語り手の声で、登場人物の視点を表すことが可能である。登場人物の思考であることは明白だが、それらしさを備えた対人表現が付加されない場合である。これは翻訳にかぎったことではなく、心理描写の手法として古くから日本の小説に用いられていた手法であって[17]、そのまま自由間接話法の日本語訳に用いることができる。下の例は、津島 (1978/2000)『寵児』からである。

(12) 夏野子は自分の机の引き出しを本格的に片付けだした。その机の脚に夏野子の体を麻縄で縛りつけている自分の姿を、高子は想像した。なぜ区立の中学で満足できないのだろう。レースの飾りなどに、なぜ心を奪われるのだろう。合格？ 本当に合格などしたら、どうなるのだろう。一枚の洋服は買ってやることが出来ても、授業料を払い続けることは到底できない。(46)

最初の 2 文は、語り手が高子と夏野子の状況を報告しているが、「想像した」ところから高子の視点へと移り、「なぜ～だろう」から最後の「～できない」までは高子の心の中の思考であることが分かる。しかし、女性らしい終助詞の付加などはなく、語

り手の口調からそのまま隔たり無く高子の声を聞くことができる。

　自由間接話法の中の3人称代名詞を日本語でどう表すべきかについて、中川（1983: 208-214）は『四十八歳の抵抗』の中での著者石川達三の技法に触れ、「彼」という表現を用いることを提案している。石川は『四十八歳の抵抗』の主人公の意識の表出の中で「彼」を使った。それについて石川本人が、「俺」とすればこの登場人物にツキ過ぎ、「彼」を使うことによってその後の文章が主観と客観の二重写しになり、複雑な投影を読者に与えると説明したことを引用し、それが自由間接話法の "dual voice" に他ならないと述べている。

　柳父によれば、1700年代末にはオランダ語からの翻訳に「彼」という言葉が既に使われていた。日本語にはもともと3人称代名詞はなく、「彼、彼女」は「翻訳造語」であって、「翻訳語特有の『効果』を持つ言葉として」（1982: 203）日本語の中に入ってきたのである。翻訳造語とオリジナルの意味には必ずズレがある。従って "he, she" と「彼、彼女」を単純に同じ次元で考えることはできない[18]。「彼」は近代以降翻訳語として使われる他に、翻訳文をお手本とした新しい文章の中で使われるようになった。明治の末期に出現したいわゆる「私小説」の「中心人物は、普通漠然と考えられているような『私』では」なく、3人称の「彼」なのだが[19]、それは1人称と渾然一体となっていた。「不特定多数の1人であり、しかも個人として、内面的な精神の世界を持ち、自己という同一性を保ち続ける人間」が「彼」であるという（1998: 17）。「彼」は「時に第1人称でもあり、また時に第3人称でもあるような、不確定の役割を、小説の舞台で演じた」（1982: 212）。こう考えると日本語の自由間接話法の訳で「彼、彼女」を使うこ

との妥当性が見えてくる。和文脈の中で、どうしても「彼、彼女」が使いにくい場合は固有名詞を用いてその意識の主体を表すことになるだろうが、その際は「彼、彼女」を使うよりもはっきりと語り手が外からその人物を捉えていると思われ、間接性が高くなると考えられる。

6.4 日本語の意識描写と英語の自由間接話法の平行性

　これら意識の主体を表す言葉が段階的に使い分けられている日本語の小説の例を『おバカさん』（遠藤, 1991）から引用し、その英語訳（Owen 訳）と比較してみよう。

(13) a. もちろん、₁遠藤はこのガストンになぜ山に登るかを説明する必要はなかった。説明しなくてもガストンは₂自分についてノコノコと沼まで来るにちがいない。₃自分の体が急な坂道で登れねばこの大男におぶさればよい。重い銀塊を沼の中から引きあげるのにも役立つはずだ。
　　　仰向けになったまま₄遠藤は天井にうごく電灯の影をぼんやりとながめた。
　　　　（それで小林に復讐する時は……）
　　₅自分は銀塊のあり場所をたしかめたあと、小林に復讐するつもりである。その時ガストンがもしこの間と同じようなバカなまねをするならば……
　　　（₆おれはこの男を殺してしまうだろうか）　(268-269)

b. There was no need for Endo to explain to Gaston why he was climbing the mountain. Even without explanation, Gaston would be sure to follow him to the swamp. If he were not able to struggle up a particularly steep slope, he could get this huge man to carry him on his back. Gaston would also be of help in pulling the heavy silver bars out of the pond.

|Endo| lay on |his| back staring vacantly at the shadows cast on the ceiling by the gently swaying light. ₇<u>The time for revenge on Kobayashi has finally come,</u> |he| thought.

It would be after |they| had found the silver bars. But if Gaston should try the same kind of stunt he had the last time, then what? ₈<u>Will |I| kill him? |Endo| wondered.</u>（208）

これは遠藤が心の中で恐ろしい復讐の計画について思いを巡らしているところである。その意識の主体である遠藤がどういう言葉で示されているか□で囲んだ。言語構造の違いにより、主語を必ず明示する英語文の方が□の数が多いのは当然の結果である。1の|遠藤|は語り手により客体化されており、TTのその訳文も|Endo|が使われている。ただしSTでは「このガストン」と遠藤の横で眠っているガストンを遠藤の視点から「この」と指示している。2、3の|自分|はかなり遠藤の心の声が前景化されており、時制も現在形が使われている。英語では|he|が使われているが、法助動詞が出現し自由間接話法と思われる。4の|遠藤|ではまた語り手が意識の主体である遠藤の内面から遊離して状況を客体的に捉えており、1と4を含む文が過去形で書かれていることとも一致する。次のカッコ内の文は遠藤の心内発話であり、6の|おれ|を含む括弧内の文と繋がるようである。これらはその他の遠藤の意識の描写からさらに前景化されている。この括弧内は直接話法スタイルとなっており、|おれ|という直接性の高い言葉が使われている。5の|自分|を含む文はまた遠藤の意識を表している。1と4を含む文以外は遠藤が物語世界の現場で思っている気持ちが描出されてい

る。STの二つの括弧内の心内発話はTTでは完全に別の2文となっている。最初の下線部7は", he thought"が挿入節の形をとっており、主節は現在完了形になっていて遠藤の声に近く感じられ、直接話法に近いと思われる。下線部8も"Will I kill him?"と、STに呼応して直接話法になっており、伝達節に相当するところが独立して次の文となっている。日本語の文では括弧がつけられているため、また伝達節のない直接話法型の発話が登場人物の声として提示されることが多いので、読者はその視点の移行に戸惑うことはない。しかし英語小説の場合、このような視点の移行は視座の喪失を意味するため、あまり起こらないので、伝達節に相当する文を補充した方が読者にとって読みやすいと考えられたのだろう。

このように日本語の小説の心内発話や意識の表出は、英語で自由間接話法に訳されることが多い。これを逆に考えれば、英語小説の自由間接話法は、日本語の心内発話や意識の表出と同じスタイルで訳せばよいということになる[20]。人称代名詞や時制の一致規則が英語とは異なる日本語では、英語の自由間接話法と同じ用法で同じ機能を果たせないのは当然といえるだろう。しかし、日本語においても伝達節に相当する部分がなく、発話や思考の主体が「彼、彼女」「自分」などで示され（あるいは明示されないことも多い）[21]ながら、その登場人物が体験していることが感じられ、同時に語り手が観察しているとも思われる文があることを確認した。それは、直示語などは登場人物を原点とするが、登場人物の特徴的な話し方や語彙を持たず、登場人物の話し言葉としての直接話法読みを決定する終助詞なども付かないので、語り手の口調を感じさせる。時制に関しては登場人物の〈今、ここ〉が感じられる現在形が原則的である[22]。このような表現を読む

とき、読者はどちらの視点が描写されているのか決定しかねたり、あるいは登場人物に非常に近接した語り手が登場人物の身になって感情を表すのを読み取る。こういったスタイルは本来の日本語の小説において数多く見受けられ、これが自由間接話法と平行的な日本語の話法であると考えられる。ただ終助詞など対人的機能を担う表現[23]の付与により直接話法スタイルになりやすい傾向は大いに見られる。自由間接話法の境界は、その様相を読者がどのように理解するかに応じて産出されるのであって、詳細な形態的設定を限定することは困難である[24]。

7. 結び

英語の小説に多く現れる自由間接話法が、第4章2.1で述べた文法形態上の特徴の他に、コンテクストから読み取れる様々な要因から、複数の声を表現していることを確認した。また発話された言葉自体には明示されていないアイロニーや同情が、読者の解釈にゆだねられることもあれば、誰のどういう観点からの発話や思考であるのか、はっきり分からないこともある。この点で自由間接話法は受け手が、様々な標識やコンテクストを手掛かりに、そのテクストをどのように理解するかという、コミュニケーション上の協調関係抜きには考えられない[25]。そのような幅が自由間接話法の表現効果ともつながることについても述べた。

日本語に翻訳される場合は、終助詞や丁寧体を表す助動詞、情意的な副詞などによって、登場人物の直接話法スタイルで訳されることが多く、一義的解釈になるので分かりやすいが、その場合はSTのように二重の声を聞くことはなくなる。「彼、彼女」な

どで知覚主体を指し、客観的な表現で訳すと、直接話法スタイルに馴染んでいる日本語読者には、語り手の声しか届かない場合も多い。しかし直示語やモダリティ（「よ、わ、ね」のように直接話法読みを決定するもの以外の）の混合バランスによって、複数の声が響き合う表現が可能であり、そのような文体的な要因を利用した方法はもともとの日本語の小説でも用いられてきた。それが効果的に使われた訳例も見た。自由間接話法に指標された語り手の感情は、日本語の場合、血肉を備えた語り手がユーモアやアイロニーをこめたコメントとして表わすことが多い[26]。また地の文から急に登場人物視点に移行して考えを表すことも、引用符に囲まれたそのままの直接話法と比べると、実際には発話されていないのだと読者が感じる分、言葉どおりでない何らかの感情がより強く指標されているのを感じさせる場合もある。

　前章で考察したことともあわせると、次のようにまとめることができよう。日英の小説における感情表現の違いは、言語構造の違いのため、感情の表出と読み取りのプロセスが異なっていることにある。英語の3人称過去時制による語り手と登場人物との距離感が、自由間接話法の表現効果の基盤となっており、その微妙な声の二重映しは英語に優位なレトリック効果を発揮しているといえる。一方、文末表現などを駆使して、語り手が感情豊かに聞き手に話しかけたり、登場人物に視点を移して臨場感豊かに語るのは、日本語に優位なレトリックであることが確認された。このような感情表出の問題を訳者の趣味・嗜好や技量の問題であると片付けてしまうのでなく、日英の言語構造や物語構造の相違に着目することによって、ある程度一般的な傾向として論じることが可能であると考える。

注

(1) Short, Semino and Culpeper（1996）では話法のすべてのカテゴリーを speech（発話）と thought（思考）に分けて説明しているが、NRTA は形式も機能も NRSA に類似していると述べている(118)。本書では「話法」を思考と発話の両方の描写に用いるので、Toolan (1998: 112) のように NRDA（Narrative Reports of Dicoursal Acts）とまとめることもできる。本文の例は登場人物の心の動きを語り手が要約的に報告したと捉えられるので、ショート他の表記では NRTA に当たる。

(2) 認知言語学ではこのような把握の仕方を〈主観的把握〉と呼び、日本語話者に好まれる事態把握の仕方であるとする（池上, 2006）。

(3) 1980 年代米国で起こった小説手法。日常的な性格を持つ題材を、抑制の効いた筆致で描いた短編が多い。

(4) 「自分」は人称にあまりこだわらずに使え、語り手視点の文と登場人物視点の文とのギャップを感じさせない。

(5) 「のだ」は事態や現象を事実として報告するのではなく、説明、判断、強調など主観的なコメントとして相手を意識して提示するものである。文末に「のだ」が付くことによって、言語主体の思考・認識プロセスが感じ取られる。森山他（2000: 89）では、「説明のモダリティ」と名づけている。

(6) ただし 2、3 番目の文は、him、he という代名詞がある分、認知の主体者となるチャールズが事象の中に完全に没入しておらず、語り手の視点も感じられる。山岡（2001: 65）も、「意識の主体である登場人物を指示する代名詞がある場合は、語り手が登場人物内に完全に移入しきっていない」と説明している。

(7) ハンブルガー（1986）の叙事的過去も参照されたい。

(8) Yamaguchi（1989）では、バンフィールドが、文学的語りのスタイルや語り手の研究に対して、言語学的に理論付けようとした業績は認めるが、自由間接話法は語り手の主観性ではなく、登場人物の主観性を表しているということが、必ずしも語り手の不在と結び付けることはできないと指摘する。また読者側に立ってみれば、3 人称で書かれ

た文章の発話者は誰かということを読者は常に探求するものだから、語り手不在という理論は成り立たないと反論している。
(9) Ochs（1979）でも B）におけるように、主語・述語が結びつく文ではなく名詞句になったり、名詞句を繰り返して使うことは話し言葉の特徴であると指摘している。また B) C) 両方に表れる一つの文の短さや文型の単純さについても、「計画されない」話し言葉の特徴であると述べている。
(10) 第5章参照。
(11) 伊原（2006a）では、翻訳の訳語選択が、テクスト全体の構成を考慮してなされていることについて述べている。
(12) 例えば（10b, C）の冒頭の「彼は世の中の役にたつ仕事をしているのだ」を（10c, C）のように「私はなくてはならん商売をやってるんです。（とパン屋は言った）」とすれば、直接話法になる。日本語の場合特に小説では伝達節のない直接話法スタイルも多く、必ずしもそれが全て英語で言う自由直接話法に当たるとは限らない。また保坂・鈴木（1993: 34）でも指摘しているように、日本語では人称代名詞や所有代名詞のゼロ記号化が行われるので、自由間接話法と自由直接話法の区別がつけにくい。上に挙げた元の文の「彼」を「俺」にかえると、「俺は世の中の役にたつ仕事をしているのだ」となり、内的独白となって語り手が後退する。
(13) 前節の分析で提示したように、話法をどのように訳すかという問題も、TT のスコポス、あるいは TT の中のある特定箇所の機能によって変わり得る。実際の翻訳にあたって、自由間接話法の効果をできるだけそのまま移すべきかどうかは、個々のスコポスによって決められるべき問題である。
(14) 野村（2000: 251-331）では日本語における描出表現を話法という範疇よりもっと広義に捉えて論じているが、それは「個々の文の形態的な標識によってのみ規定されるのではない。コミュニケーションの参加者がテクストの理解において、表現を相互にどのように関係させ、組織化させるのかに依存する。だから、形態的な指標と描出表現の様相とをあらかじめ対応させておくことはできないのである」（301）と

述べている。

(15) 中山（1995: 129-130, 161）でも、「『視点』とはあくまで、物語られる事柄をどの地点から眺めているか（作中人物の側からか、語り手の側からか）に係わる問題であり」、誰が語っているのかという声の問題とは、区別して考察されるべきだが、「日本語テキストでは目の位置と声の出所は同じなのである」と指摘している。

(16) Chatman（1990: 120, 146）も、（西洋の物語では）登場人物だけが物語世界の住人であり、そこからものごとを知覚して考える意識をもっており、語り手は物語の論理上、物語世界に住むことを禁じられていると述べている。また、語り手と登場人物の視点は区別されるべきで、前者の視点を視座、後者のそれをフィルターという言葉で表すことを提案している。

(17) 廣瀬（1997: 3-35）は言語表現を私的表現と公的表現の二つのレベルに分け、日本語には私的自己を表す固有の言葉として〈自分〉があるが、英語には公的自己を表す固有の言葉として〈I〉があるとする。私的自己とは思考の主体としての話し手を指し、心理描写にもよく用いられる。日本語は本来的に私的な性格を持つ言語であり、心理描写を行うにも、英語のように自由間接話法という形態的な特徴を取る必要が無く、聞き手志向の公的表現（終助詞や丁寧体など）さえ用いなければ、そのままの形で内的意識を描出できると述べている。

(18) 田窪（2003）も、日本語には、数、人称、性などの文法的性質だけからなる、英語の人称代名詞のようなものはなく、「彼、彼女、私、あなた」などは人称名詞とでも呼ぶべきである、と指摘している。

(19) 鈴木（2000: 2）によれば、標準的には1906年から1910年初頭にかけて全盛期を迎えた日本の自然主義は、作家の私生活を小説の中に忠実に客観的に再現することを通して、個人の自己を探求することを第一義とした。通常、田山花袋（1871〜1930）を私小説の創始者と見なし、志賀直哉（1883〜1971）をその完成者と見なす。私小説の元祖と認められる『蒲団』や、その翌年の『一兵卒』では田山は3人称の語り手を用いたが（柳父, 1982: 206-212）、志賀の作品の多くは1人称による追憶という形態をとっている（134）。

(20) ただし、自由間接話法が全て、心内発話や意識の描出というわけではないので、あらゆるケースには当てはまらない。
(21) 保坂（1981）では、主語が明言されず、思考（発言）者表示部も省略されて、登場人物の思考（発言）が地の文と一体化されている部分を日本語の体験話法（自由間接話法）と呼べると規定している。
(22) 保坂（1981: 108）でも、西欧語の自由間接話法の読者は、過去時制を直接時制に転換して読み取るが、日本語では、時制という観点から考えるならば、すでに直接話法の時制と等しい形式で表現されており、読者によって時制の転換が行われる必要はないと述べている。
(23) 第6章参照。
(24) 野村（2000: 198）参照。
(25) 保坂・鈴木（1993: 31）では、「読者は、体験話法（自由間接話法）の前後の文脈を手がかりとして、その部分を体験話法として読み取っていく過程において、登場人物の思考・発言への同一化を無意識に行う」と述べている。（　）内は筆者による。
(26) 第6章参照。

第8章

まとめと補説

　本書では翻訳を異文化コミュニケーションと捉え、伝達の仕方の違いが、受け手にどのような印象の違いを与えるかについて考察した。逆方向から言えば、小説翻訳のコミュニケーションにおいて、読者（受け手）にどのような反応を与えたいかという翻訳の目的に応じて、翻訳者（送り手）は伝え方を操作することができる。

　ST（原文）とTT（翻訳テクスト）を対照して分析するという手法は、翻訳自体の研究だけではなく、言語学の様々な分野で利用されているが、それに対して、「翻訳は訳者の嗜好や資質によって異なるものであるから、学問的な分析に翻訳を利用するのは適切でない」という批判が提示されることが多い。それは、分析においてTTをどのように利用するのかによっても異なってくるであろうが、そういった批判に対処するためには、コーパスなどを利用して大量の事例を分析すべきであるという見方もある。

　しかし本書では、数編の翻訳事例を通して翻訳者のコミュニケーション意図がどのように言語化されているか、あるいは、使用された言葉のためにどのような表現効果が生まれているかに着目し、質的な分析を試みた。また一般的な傾向を探るためには、翻訳の事例だけでなく、コミュニケーション学や言語学の諸理論を援用した。具体的に言えば、小説で語り手が語る言葉の中に、登場人物の発話や思考をどのように取り込んで表現しているかとい

う問題を話法の枠組みで捉えることである。

　話法には日英間の差異が、様々な文法的・語彙的な表記として明らかに提示される。それぞれのテクストで同じ事態を表現するのに、どのような話法が使われているのかを観察すると、翻訳者の単なる嗜好や癖だけではなく、言語構造の違いから双方の話者がとらざるを得なかった言語使用も浮かび上がる。この、それぞれの言語的特質を生かした表現法は、物語論で指摘されてきた語りの視点や、認知言語学で言われる事態把握の仕方の違いにも支えられるものである。

　翻訳がコミュニケーションの一形態であるという捉え方を分かりやすくするために、第2章では翻訳理論を概説し、本書が基盤としている機能主義的翻訳理論について述べた。機能的・コミュニケーション的アプローチをとることによって、翻訳者がスコポス（翻訳の目的）に応じて、読者とのコミュニケーションを効果的に行うために、どのようなストラテジーを選択したかという分析が有効となってくる。

　第3章では翻訳のコミュニケーション的側面に焦点を当てるため、翻訳と話法伝達（中でも直接話法）とを比較し、共通性を見出した。どちらも〈翻訳者／伝達者〉を仲介とする二段階のコミュニケーション・メカニズムを共有しており、コミュニケーション状況に応じてそれぞれの伝達の目的を達成するために、仲介者の意図で方向付けがされている。これは翻訳の異化・同化概念を浮き彫りにするという点でも有効であった。さらに補遺として〈翻訳者／伝達者〉の意図が極端に働いた興味深い平行現象として、〈擬似翻訳／想定話法〉についても述べた。どちらも〈ST／元発話〉が存在しないにもかかわらず、何らかの目的を達成するために、他人の〈作品／言葉〉であるかのように伝えるものであ

る。

　第4章では話法について概観し、後の事例分析で重要となる「声」の概念についても述べ、本書での話法の捉え方を整理した。小説は文字に描かれた作品であり、音声による「声」が聞こえるわけではない。しかし読者は読みを進める過程で、様々な「声」を読み取り、復元することによって感情移入を行う。間接話法とは、登場人物の発話や思考が語り手の言葉によって地の文に組み込まれる場合であり、引用符付きのいわゆる直接話法は、明らかに登場人物の「声」として地の文から区別される。本書で問題にしているのは、地の文の中に組み込まれた登場人物の「声」である。日本語の小説の場合は引用符無しで、地の文の中に登場人物の「声」が（つまり登場人物の視点で）現れることが多く、本書ではそういう表現を伝達節の有る無しにかかわらず直接話法スタイルとした。

　英語小説の場合には、自由間接話法によって、地の文の中に語り手と登場人物の二重の「声」が重なり合うことがある。話法は、時制や人称、直示語や対人機能を表す表現などを手がかりに区別できるが、地の文に組み込まれた登場人物や語り手の「声」を読み取るには、文脈からの情報やコミュニケーション状況といった、読者との協調関係も影響を与える。これらの点に留意して第5・6・7章では小説の事例分析を行った。

　第5章では話法に関わる事例研究の第一段階として、英語小説内の話法表現が登場人物寄りで直接話法的に和訳されていれば同化で、語り手寄りで間接性が高まれば異化とした。直接話法スタイルを取り入れた話法レベルでの同化訳は、登場人物との距離が近くなるため感情移入が容易になり、臨場感も出しやすい。反対に語り手視点による異化訳では、登場人物との距離が遠く感じら

れ、客観的で抑制の効いた印象を与える。また第5章で分析した小説では、英語の小説で間接的な表現であっても、日本語においては直接話法的な表現に翻訳されることが多いことが判明した。これは事例分析の結果からだけでなく、日本人は臨場者、体験者としての受け取り方を好むという池上（2000）の指摘からも導き出せるので、一般的な傾向とすることが可能である。

さらに、第5章で分析した小説から、代名詞やカタカナ語など語句レベルで異化訳を行って異質性を取り込んでも、話法レベルで同化訳されていれば、コミュニケーションを損なうほどの翻訳調という印象を与えずにすむということが提言できる。

第6章では小説の地の文を中心に、語り手が聞き手である読者との人間関係や発話の場を、どう捉えているかを指標するような言語表現を分析した。このような語り手の発話態度は小説全体の印象に深く係わりを持つ。第5、6章の事例研究からも明らかなように、日本語の小説では語り手のディスコースである地の文であっても、登場人物に視点が移行して直接話法スタイルで話したり、語り手自身が主観的な評価を加えたり、読者に向かって語りかける場合が多く見られる。言い換えれば、書き言葉である小説の地の文の中に、話し言葉が入る余地が大きい。

この分析結果を言語的な特質から考えると、日本語小説の地の文には、共感を求めたり、表現を緩和したり、あるいは女性らしさを表す終助詞や、対人関係や場のあらたまりの度合いを表す「です、ます」と「だ」の使い分けなど、対人的機能の標識と呼べる言語装置が多く見られた。これらの標識は、指示的意味と対峙した社会的意味を指標する機能を持ち、話し手が相手や談話の場に対して、どのような感情的係わり方をしているのかを示す。

一般的に日本語は敬語を含む待遇表現や終助詞が豊富に存在

し、談話の場や対人関係、談話の流れを意識した話し手の主観に即して使い分けられることが知られている。英語にも対人的機能を担う表現がある。上に挙げたディスコースマーカーやヘッジの他にも、アドレスタームや "now" を文中や文尾に挟み込むなどがそれである。このような機能は、口頭ではイントネーションやジェスチャーによって表されることが多い。しかし小説の地の文で、イントネーションやジェスチャーが文字に刻まれることは普通考えにくいし、語り手がアドレスタームを使うことはまれである。またディスコースマーカーやヘッジも、文法化されていない挿入的な表現であるし、音韻的にも比較的長いため、日本語の文末表現ほど頻繁に小説内で使用されることはない。つまり、日本語の小説の方が英語の小説よりも感情的態度を示す表現が多く出現する傾向が見てとれる。言うまでもなく、このような対人的機能の標識が小説の地の文に現れると、それは登場人物の直接話法か、語り手の主観的な語りかけを意味する。したがって、英語のST そのままの言語表現を、話法表現も変えずに日本語に移そうとすると、自然な日本語のディスコースよりも対人的表現の数が少ないため、情意の足りない翻訳調という印象を与えることになる。

　本書で確認した日本語の直接話法的志向と、英語の間接話法的志向の対立については、近年認知言語学において、前者の〈主観的把握（subjective construal）〉と後者の〈客観的把握（objective construal）〉という話し手の事態認識の違いが、言語現象に現れたものとして説明されている（本多, 2005: 169）。池上（2006: 21）は「〈好まれる言い回し〉と呼びうるようなものの背後には」、当然「その言語の話者好みの〈事態把握〉の型が想定できるはずである」とし、「日本語の話者はある事態を表現しようとする際

には、自らがその事態の内に臨場し、それを直接体験しているという姿勢で把握しようとする好み、ないし傾向がある」(前掲書: 26) と述べている。反対に英語話者に好まれる〈客観的把握〉とは、話者が「認知の主体として、把握の対象とする事態とは間をとり、それを客体として対立する」ものである (前掲書: 22)。

日本人の好む〈主観的把握〉の仕方は、小説において認識の主体者がゼロ化されたり、登場人物を原点とした〈今・ここ〉の時空間から発話される表現などにおいて指標される。

第6章の例 (10a, c) で確認しておこう。

(10) a. しんと暗く、なにも息づいていない。

c. I opened the door and immediately felt how still and dark it was.

語り手でもある意識の主体者 "I" /「わたし」が、祖母と暮らしていた家に久し振りに帰宅した際の状況である。がらんとして暗い部屋を見ているのは "I" /「わたし」である。(10a) は「わたし」の〈今・ここ〉から語られており、「わたし」は状況の中に没入してゼロ化されているので、言語表現上は現れていない。一方 (10c) では、語り手である "I" が過去の事態を報告しているが、状況の外に身を置き、"I" は他の登場人物と同じように客体化されている。

上述した日英の言語的特質と、コミュニケーションにおける表現や理解の仕方の好みは、相互に関連しており、本書の分析を裏付けるものである。

それでは、英語の小説には情意が足りないのだろうか。第7章では自由間接話法に焦点を当てて、英語小説の読者が小説の中の「声」をどのように聞いているのかを検証した。英語小説の自由間

接話法は、人称と時制は語り手の視点に合わせられているが、時や場所を表す直示語や、登場人物の特徴的な語彙や考え方などといった登場人物の視点も同時に読み取れる。また引用符や伝達節によって区切られないので、読者は語り手のディスコースの中で切れ目なく自然に登場人物の心の内の「声」を聞いたり、発話自体には述べられていない語り手の皮肉や同情を感じ取ったりする。このような心的表現は、口頭ではイントネーションによって伝えられることが多いのだが、タネン（Tannen, 1989: 29）は、口頭の語りだけでなくフィクションにおいても、登場人物やその状況を表現するのに「音」の再現は欠かせないと述べている。イントネーションは、印刷された小説の中に、語彙的マーカーや文法形式として姿を現さない。だからこそ自由間接話法は、登場人物の、また語り手のイントネーションを、読者が自由に重ね合わせて聞くことを可能にする。この点で自由間接話法は、受け手が様々な標識やコンテクストを手掛かりに、そのテクストをどう理解するかという、コミュニケーション上の協調関係抜きには考えられない。そのような解釈の幅が自由間接話法の表現効果と言えよう。

　自由間接話法を和訳する際には、前章で説明したような豊富な標識を伴って、登場人物の「声」として直接話法スタイルで訳される場合が多いので、読者もその体験を共有したような臨場感を味わう。しかし微妙な「声」の二重写しという自由間接話法の効果は無くなる。直接話法読みを決定付けるような対人機能の標識や特徴的な言葉遣いを避け、したがって語り手口調で、しかし登場人物の〈今・ここ〉の視点を表すディスコースが、英語の自由間接話法と平行的な日本語の話法表現であると考えられる。

　日英の小説ではそれぞれの言語の特質を生かした方法で（またそれはそれぞれの言語文化のコミュニケーションの仕方に呼応し

ているのだが)、登場人物や語り手の心的態度が表現されていることが判明した。この事実に留意して、翻訳のスコポスに応じ、対人的機能を表す標識の量を調整することは、小説のコミュニケーションにおいて、読者が受ける印象を左右する鍵となる。

さらに言えば、このような非指示的な表現を適切に使用できなければ語用論的エラーとなるが、それは文法や語彙の間違いほどはっきりとは認識されにくい。しかしこういった標識、たとえばヘッジの使用が適切に行なえなければ、実際のコミュニケーションで必要以上に不確かに響いたり、反対に強引に聞こえたりして、やがては深刻な事態を招きかねない (Markkanen and Schröder, 1997)。こういう機能を持つ表現の現れ方が日英でどのように違うかを、翻訳によって確認することは、文書の読み取りだけでなく、オラルコミュニケーションの予期せぬ誤解や摩擦を防ぐ上で重要なことではないだろうか。

引用作品

Carver, R. (1983). A small, good thing. In *Cathedral.* pp.59-89. New York: Alfred A. Knopf.

カーヴァー, R.（1989）.『ささやかだけれど、役にたつこと』村上春樹訳　pp.98-133.　中央公論社

Christie, A. 2002(1935). *Three-Act Tragedy.* London: Harper Collins Publishers.

クリスティ, A.（1985）.『三幕の悲劇』西脇順三郎　東京創元社

――――（1999）.『三幕の殺人』田村隆一訳　早川書房

遠藤周作（1962/1991）.『おバカさん』角川文庫

Endo, S. (1974). *Wonderful Fool.* P. Owen (Trans.). Tokyo: Charles E.Tuttle Company.

古井由吉（1981）.「谷」『聖・妻隠：新潮現代文学 80』pp.193-206.　新潮社

Furui, Y. (1997). *Ravine.* M. McKinney (Trans.). pp.9-39. Barkeley: Stone Bridge Press.

Golden, A. (1998). *Memoirs of a Geisha.* New York: Vintage Books.

ゴールデン, A.（1999）.『さゆり』小川高義訳　文藝春秋

Hemingway, E. (1952). *The Old Man and the Sea.* London: Jonathan Cape.

ヘミングウェイ, E.（1972）.『老人と海　現代作家シリーズ 51 対訳ヘミングウェイ 2』林原耕三訳　坂本和男訳注　南雲堂

――――（1973）.『老人と海　ヘミングウェイ全集第 7 巻』福田恆存訳　三笠書房

Hemingway, E. (1967). Cat in the rain. In *The Essential Hemingway.* pp.323-326. Harmondsworth: Penguin Books.

ヘミングウェイ, E.（1970）.「雨のなかの猫」『ヘミングウェイ短編集（一）』大久保康雄訳　pp.63-68.　新潮文庫

――――（1996）.「雨のなかの猫」『ヘミングウェイ全短編 I』高見浩訳　pp.201-213.　新潮社

東野圭吾（1997）.『虹を操る少年』講談社

Krauss, R. K. (1945). *The Carrot Seed*. Pictures by Crockett Johnson. New York: N.Y. Scholastic Book Service.

クラウス, R. K.（1980）.『ぼくのにんじん』渡辺茂男訳　ペンギン社

Mansfield, K. (1922/1951) The daughter of the late colonel. In *The Garden Party and Other Stories*. pp.88-119. Harmondsworth: Penguin Books.

マンスフィールド, K.（1999）.「亡き大佐の娘たち」『マンスフィールド全集』大澤銀作訳　pp.195-213.　新水社

McCullers, C. (1946/1971). *The Member of the Wedding*. Harmondsworth: Penguin Books.

マッカラーズ, C.（1990）.『夏の黄昏』加島祥造訳　福武文庫

Rowling, J. K. (1999). *Harry Potter and the Chamber of Secrets*. New York: Scholastic Inc.

ローリング, J. K.（1999）.『ハリー・ポッターと秘密の部屋』松岡佑子訳　静山社

Salinger, J. D. (1951). *The Catcher in the Rye*. Boston: Little, Brown and Company.

サリンジャー, J.D.（2003）.『キャッチャー・イン・ザ・ライ』村上春樹訳　白水社

―――（1985/2001）.『ライ麦畑でつかまえて』野崎孝訳　白水社

Saroyan, W. (1956/ 1994) Mama, I love you. In I. Iwamoto (Ed.), *Selected Works of William Saroyan 14*. Tokyo: Hon-No-Tomosha.

サロイヤン, W.（1978）.『ママ・アイラブユー』　岸田今日子・内藤誠訳　れんが書房新社

津島佑子（1978/2000）.『寵児』講談社

Waller, R. J. (1993). *The Bridges of Madison County*. London: Mandarin.

ウォラー, R. J.（1993）.『マディソン郡の橋』松村潔訳　文藝春秋

White, E. B. (1952). *Charlotte's Web*. New York: Harper Collins Publishers.

ホワイト, E. B.（1970）.『シャーロットのおくりもの』鈴木哲子訳　法政大学出版局

―――（2000）『シャーロットのおくりもの』さくまゆみこ訳　あすなろ

書房

吉本ばなな.（1991/1998）『キッチン』角川書店

Yoshimoto, B. (1993) *Kitchen*. M. Backus (Trans.). London: Faber and Faber.

――― (1991) Kitchen . In H. Mitsios (Ed.), *New Japanese Voices*. A. Sherif (Trans.). pp.154-171. New York: The Atlantic Monthly Press.

参考文献

秋月高太郎 (1999).「翻訳の語用論——日・英語の照応表現をめぐって——」『日本語学』18 (3), 55-65.

Anderson, G. (2000). *Pragmatic Markers and Sociolinguistic Variation*. Amsterdam: John Benjamins.

荒木一雄・安井稔編 (1992).『現代英文法辞典』三省堂

浅見定雄 (1983).『にせユダヤ人と日本人』朝日新聞社

Baker, M. (1992). *In Other Words*. London and New York: Routledge.

Bakhtin, M. (1963/1984). *Problems of Dostoevsky's Poetics*. C. Emerson and M. Holquist (Eds.) and V. W. McGee (Trans.). Austin: The University of Texas Press.

バフチン, M.（1929/1989）『マルクス主義と言語哲学：言語学における社会学的方法の基本的問題』桑野隆訳　未来社

———.（1963/1974）『ドストエフスキイ論』新谷敬三郎訳　冬樹社

Banfield, A. (1982). *Unspeakable Sentences: Narration and Representation in the Language of Fiction*. Boston: Routledge & Kegan Paul.

———. (1993). Where epistemology, style, and grammar meet literary history : The development of represented speech and thought. In J. A. Lucy (Ed.), *Reflexive Language : Reported Speech and Metapragmatics*. pp.339-364. New York: Cambridge University Press.

Biber, D. and Finegan, E. (1989). Styles of stance in English: Lexical and grammatical marking of evidentiality and affect. *Text*. 9(1), 93-124.

Biber, D. et al. (1999). *Longman Grammar of Spoken and Written English*. London: Longman.

Brown, P. and Levinson, S. C. (1987). *Politeness: Some Universals in Language Usage*. Cambridge: Cambridge University Press.

Chafe, W. (1982). Integration and involvement in speaking, writing and oral literature. In D.Tannen (Ed.), *Spoken and Written Language*. pp.35-53.

Norwood: Ablex.

———. (1986). Evidentiality in English conversation and academic writing. In W. Chafe and J. Nichols (Eds.), *Evidentiality: the Linguistic Coding of Epistemology*. 6. pp.261-272. Norwood: Ablex.

———. (1992). Immediacy and displacement in consciousness and language. In D. Stein (Ed.), *Cooperating with Written Texts: The Pragmatics and Comprehension of Written Texts*. pp.231-255. Berlin and New York: Mouton de Gruyter.

———. (1994). *Discourse, Consciousness, and Time*. Chicago and London: The University of Chicago Press.

Chatman, S. (1978). *Story and Discourse: Narrative Structure in Fiction and Film*. Ithaca and London: Cornell University Press.

———. (1990). *Coming to Terms: The Rhetoric of Narrative in Fiction and Film*. Ithaca and London: Cornell University Press.

Clancy, P. (1982). Written and spoken style in Japanese narratives. In D. Tannen (Ed.), *Spoken and Written Language*. pp.55-76. Norwood: Ablex.

Coulmas, F. (1986a). Reported speech: Some general issues. In F. Coulmas. (Ed.), *Direct and Indirect Speech*. pp.1-28. New York: Mouton de Gruyter.

———. (1986b). Direct and indirect speech in Japanese. In F. Coulmas. (Ed.), *Direct and Indirect Speech*. pp.161-178. New York: Mouton de Gruyter.

Declerck, R. (1991). *Tense in English: Its Structure and Use in Discourse*. London: Routledge.

Dixon, P. and Bortolussi, M. (1996). Literary communication : Effects of reader-narrator cooperation. *Politics*, 23, 405-430.

Ehrlich, S. (1990). *Point of View*. London and New York: Routledge.

藤井聖子（2000）.「認識的モダリティと"その周辺"との関連――文法化・多義性分析の観点から――」国立国語研究所編『認識のモダリティとその周辺――日本語・英語・中国語の場合――』第7回国立国語研究所国際シンポジウム第6専門部会, 52-71.

藤濤文子（2007）『翻訳行為と異文化間コミュニケーション――機能主義的翻訳理論の諸相――』松籟社

藤田保幸 (1988).「『引用論』の視界」『日本語学』7, 30-45.

——— (1995).「引用論における『話し手投写』の概念」宮地裕・敦子先生古希記念論集刊行会編『日本語の研究』pp.454-492. 明治書院

——— (1999).「引用文の構造」『国語学』198, 1-15.

——— (2000).『国語引用構文の研究』和泉書院

Fludernik, M. (1993). *The Fictions of Language and the Languages of Fiction: The Linguistic Representation of Speech and Consciousness*. London: Routledge.

二葉亭四迷 (1888/1971)「あひびき」伊藤整他監修『二葉亭四迷集』pp.343-357. 角川書店

——— (1906/1961)「余が翻訳の標準」河盛好蔵監修『翻訳文学　近代文学鑑賞講座第21巻』pp.217-221. 角川書店

Goffman, E. (1981). *Forms of Talk*. Philadelphia: University of Pennsylvania Press.

Goodwin, M. H. (1997). Toward families of stories in context. *Journal of Narrative and Life History*, 7(1-4), 107-112.

Gutt, E. A. (1991). *Translation and Relevance. Cognition and Context*. Oxford: Blackwell.

———. (1992). *Relevance Theory: A Guide to Successful Communication in Translation*. Summer Institute of Linguistics, Dallas. New York: United Bible Societies.

———. (1998). Pragmatic aspects of translation: Some Relevance-Theory obsevations. In L. Hickey, *The Pragmatics of Translation*. pp.41-53. Clevedon: Multilingual Matters.

Halliday, M. A. K. (1970). Functional diversity in language as seen from a consideration of modality and mood in English. *Foundations of Language*. 6, 322-361.

Halliday, M. A. K. and Hassan, R. (1976). *Cohesion in English*. London: Longman.

Hatim, B. (1998). Discourse analysis and translation. In M. Baker (Ed.), *Encyclopedia of Translation Studies*. pp.67-71. London and New York:

Roultledge.

Hatim, B. and Mason, I. (1997). *The Translator as Communicator*. London and New York: Routledge.

ハンブルガー, K.(1986).『文学の論理』植和田光晴訳　松籟社

Hinds, J. (1986). *Situation vs. Person Focus.* 西光義弘注　くろしお出版

廣瀬幸生（1988）.「言語表現のレベルと話法」『日本語学』7, 4-13.

―――（1997）.「人を表す言葉と照応」廣瀬幸生・加賀信広『指示と照応と否定』pp.1-89　研究社出版

―――（2002）.「話し手概念の解体から見た日英語比較」『筑波大学「東西言語文化の類型論」特別プロジェクト研究成果報告書』723-755.

Holt, E. (2007). 'I'm eyeing your chop up mind': Reporting and enacting. In E. Holt and R. Clift (Eds.), *Reporting Talk: Reported Speech in Interaction*. pp.47-80. Cambridge: Cambridge University Press.

本多啓（2005）.『アフォーダンスの認知意味論――生態心理学から見た文法現象』東京大学出版会

保坂宗重（1977）.「テキスト理論による文章の分析：日本語の体験話法について」野元菊雄・野林正路（監修）『日本語と文化・社会5：言葉と情報』pp.161-196.　三省堂

―――（1981）.「日本語における体験話法――西欧語の体験話法との比較において――」『茨城大学教養部紀要』13, 95-109.

保坂宗重・鈴木康志（1993）.『体験話法（自由間接話法）文献一覧――わが国における体験話法研究』茨城大学教養部

House, J. (1998). Politeness and translation. In Leo Hickey (Ed.), *The Pragmatics of Translation*. pp.54-71. Clevedon: Multilingual Matters.

井出祥子・櫻井千佳子（1997）.「視点とモダリティの言語活動」田窪行則編『視点と言語行動』pp.119-152.　くろしお出版

Ihara, N. (2006b). Expressions of affect in English and Japanese novels. *Intercultural Communication Studies* XV, 1, 174-186.

伊原紀子（2000）.「文学翻訳における異化・同化」神戸大学国際文化学会編『国際文化学』3, 105-116.

―――（2002）.「翻訳における異化・同化――話法の日英比較」関西英語

教育学会編『英語教育研究』25, 53-68.

――― (2003).「翻訳と話法：伝達のメカニズム」神戸大学国際文化学会編『国際文化学』8, 33-46.

――― (2006a).「テクストの構成と翻訳：繰り返されるキーワードの訳出をめぐって」日本英語コミュニケーション学会編 *The JASEC BULLETIN*, 15(1), 62-71.

――― (2008).「日・英小説の語りに表れる『声』――自由間接話法とその翻訳」『社会言語科学』11 (1), 151-163.

――― (2010).「大学における英語講読の授業で翻訳を効果的に活用するために」日本英語コミュニケーション学会編 *The JASEC BULLETIN*, 19 (1), 49-63.

池上嘉彦 (1981).『「する」と「なる」の言語学』大修館書店

――― (1986).「日本語の語りのテクストにおける時制の転換について」『語り――文化のナラトロジー』記号学研究 6, 61-74. 日本記号学会

――― (1999).「日本語らしさの中の〈主観性〉――日本語の文の主観性をめぐって・その1」『月刊言語』28 (1), 84-94.

――― (2000).『「日本語論」への招待』講談社

――― (2003).「言語における〈主観性〉と〈主観性〉の言語的指標 (1)」山梨正明他編『認知言語学論考3』pp.1-49. ひつじ書房

――― (2006).「〈主観的把握〉とは何か――日本語話者における〈好まれる言い回し〉」『言語』35 (5), 62-67.

伊藤博 (1995).『萬葉集釋注一』集英社

Jakobson, R. (1971). On linguistic aspects of translation. In *Selected Writings*. 2. pp.260-266. The Hague: Mouton.

Johnstone, B. (2002). *Discourse Analysis*. Bodmin: Blackwell.

鎌田修 (1988).「日本語の伝達表現」『日本語学』7, 59-72.

――― (1994).「伝達と模倣と創造：引用におけるソーシャルダイクシスの現われ」『京都外大研究論叢』43, 178-185.

――― (2000).『日本語の引用』ひつじ書房

――― (2007).「直接引用句の創造――伝達の場に合った直接話法」『言語』36 (2), 56-64.

神尾昭雄（1990）.『情報のなわ張り理論』大修館書店

亀井俊介編（1994）.『近代日本の翻訳文化』中央公論社

Kenny, D. (1998). Equivalence. In M.Baker (Ed.), *Encyclopedia of Translation Studies*. pp.77-80. London: Routledge.

金水敏（1991）.「伝達の発話行為と日本語の文末形式」『神戸大学文学部紀要』18, 23-41.

――― (2003).『ヴァーチャル日本語　役割語の謎』岩波書店

Koven, M. (2002). An analysis of speaker role inhabitance in narratives of personal experience. *Journal of Pragmatics*. 34, 167-217.

久野暲（1978）.『談話の文法』大修館書店

工藤真由美（1995）.『アスペクト・テンス体系とテクスト：現代日本語の時間の表現』ひつじ書房

Kurihara, T. (1985). The syntax and semantics of quotation reconsidered. 北海道大学言語文化部編『言語文化部紀要』7, 67-90.

Kuroda, S-Y. (1973). Where epistemology, style, and grammar meet: A case study from Japanese. In S. R. Anderson and P. Kiparsky (Eds.), *A Festschrift for Morris Halle*. pp.377-391. New York: Holt, Rinehart & Winston.

Leech, G. N. and Short, M. (1981). *Style in Fiction: A Linguistic Introduction to English Fictional Prose.* London and New York: Longman.

Lyons, J. (1977). *Semantics.* Vol. 2. Cambridge: Cambridge University Press.

牧野成一（1978）.『ことばと空間』東海大学出版会

――― (1980).『くりかえしの文法』大修館書店

Markkanen, R. and H. Schröder. (1997). *Hedging and Discourse: Approaches to the Analysis of a Pragmatic Phenomenon in Academic Texts.* Walter de Gruyter, Berlin and New York.

Martin, S. (1975). *A Reference Grammar of Japanese.* New Haven and London: Yale University Press.

Mason, I.(1998). Communicative/ functional approaches. In M. Baker (Ed.), *Encyclopedia of Translation Studies*. pp.77-80. London: Routledge.

松田裕（1977）.『英語語法の諸相』篠崎書林

Maynard, K. S. (1993). *Discourse Modality: Subjectivity, Emotion and Voice in the Japanese Language.* Amsterdam/Philadelphia: John Benjamins Publishing.

メイナード, K. S.(1993).『会話分析』日英語対象研究シリーズ 2. くろしお出版

――― (2000).『情意の言語学――「場交渉論」と日本語表現のパトス』くろしお出版

――― (2004).『談話言語学：日本語のディスコースを創造する構成・レトリック・ストラテジーの研究』くろしお出版

McHale, B. (1978). Free indirect discourse: A survey of recent accounts. *PTL: A Journal for Descriptive Poetics and Theory of Literature*. 3, 249-87.

宮崎清孝・上野直樹 (1985).『視点』東京大学出版会

守屋三千代 (2006).「〈共同注意〉と終助詞使用」『言語』35 (5), 20-27.

森山卓郎 (2003).「話し言葉と書き言葉を考えるための文法研究用語・12」『國文学』48 (12), 15-22.

森山卓郎, 仁田義雄 & 工藤浩 (2000).『モダリティ：日本語の文法 3』岩波書店

行方昭 (2007).『英文の読み方』岩波新書

村上春樹・柴田元幸 (2000).『翻訳夜話』文藝春秋

中川ゆきこ (1983)『自由間接話法：英語の小説にみる形態と機能』あぽろん社

中西進編 (1989).『柿本人麻呂 人と作品』桜楓社

中山真彦 (1995).『物語構造論』岩波書店

Neumann, A. W. (1992). Free indirect discourse in the eighteenth-century English novel: Speakable or unspeakable? In M. Toolan (Ed.), *Language, Text and Context: Essays in Stylistics*. pp.113-135. London and New York: Routledge.

Nida, E. A. (1964). *Toward a Science of Translation*. Leiden: E. J. Brill.

Nietzche, F. (1882/1997). The Gay Science. In D. Robinson (Ed.), and W. Kaufmann (Trans.), *Western Translation Theory*. pp.261-263. Manchester: St. Jerome Publishing.

西嶋幸右(1996).『文明批評家モンテスキュー：「ペルシア人の手紙」を読む』

九州大学出版会

仁田義雄（1991）.『日本語のモダリティと人称』ひつじ書房

─── （1997）.『日本語文法研究序説──日本語の記述文法を目指して──』くろしお出版

野村真木夫（2000）.『日本語のテクスト──関係・効果・様相──』ひつじ書房

Ochs, E. (1979). Planned and unplanned discourse. In T. Givon (Ed.), *Syntax and Semantics*. 12. pp.51-80. New York: Academic Press.

───. (1992). Indexing gender. In A. Duranti and C. Goodwin (Eds.), *Rethinking Context*. pp.335-358. Cambridge: Cambridge University Press.

Ochs, E. and Schieffelin, B. (1989). Language has a heart. *Text*. 9 (1), 7-25.

奥津敬一郎 (1968/1970)「引用構造と間接化転形」『言語研究』56, 1-26.

尾上圭介（2001）.『文法と意味』くろしお出版

Onodera, N. (2004). *Japanese Discourse Markers: Synchronic and Diachronic Discourse Analysis*. John Benjamins: Amsterdam/ Philadelphia.

Palmer, F. R. (1986). *Mood and Modality*. Cambridge: Cambridge University Press.

Pascal, R. (1977). *The Dual Voice: Free Indirect Speech and its Functions in the Nineteenth-Century European Novel*. Manchester: Manchester University Press.

Quirk, R. et al. (1985). *A Comprehensive Grammar of the English Language*. London: Longman.

Rambelli, P. (2009). Pseudotranslation. In M. Baker and G. Saldanha (Eds.), *Encyclopedia of Translation Studies*. pp.208-211. London: Routledge.

Ramsay, M. (2000). A comparison of the original text and Megan Backus' translation of *Kitchen*, a novel by Banana Yoshimoto. *Japanese Studies: Communities, Cultures, Critiques. 4: New Directions in Japanese Linguistics*. pp.63-79. Clayton: Monash Asia Institute.

Robinson, D. (1997). *What Is Translation?* Kent, Ohio and London: Kent University Press.

Robinson, D. (1998). Paraphrase. In M. Baker (Ed.), *Encyclopedia of Translation*

Studies. pp.166-167. London: Routledge.

Romaine, S. and Lange, D. (1991). The use of like as a marker of reported speech and thought: A case of grammaticalization in progress. *American Speech.* 66 (3), 227- 279.

サイデンステッカー, E. G.・安西徹雄 (1983).『日本文の翻訳』スタンダード英語講座2　大修館

サイデンステッカー, E. G. (1984)『西洋の「源氏」日本の「源氏」』笠間書院

Salkie, R. and Reed, S. (1997). Time reference in reported speech. *English Language Linguistics*. 1 (2), 319-348.

澤田治美 (1993).『視点と主観性——日英語助動詞の分析——』ひつじ書房

Schäffner, C.(1998). Hedges in political texts: A translational perspective. In Leo Hickey (Ed.), *The Pragmatics of Translation*. pp.85-202. Clevedon: Multilingual Matters.

———. (2009). Functionalist approaches. In M. Baker and Saldanha, G. (Eds.), *Encyclopedia of Translation Studies*. pp.115-121. London: Routledge.

Schäffner, C. and Kelly-Holmes, H. (Eds.). (1995). *Cultural Functions of Translation*. Clevedon, Philadelphia and Adelaide: Multilingual Matters.

柴田元幸 (2000).『アメリカ文学のレッスン』講談社現代新書

Schiffrin, D. (1987). *Discourse Markers*. Cambridge: Cambridge University Press.

Schleiermacher, F. (1813/1917). On the different methods of translating. In D. Robinson (Ed. and Trans.), *Western Translation Theory*. pp.225-238. Manchester: St. Jerome Publishing.

Semino, E. and Short, M. (2004). *Corpus Stylistics: Speech, Writing and Thought Presentation in a Corpus of English Writing*. London and New York: Routlegde.

Short, M., Semino, E. and Culpeper, J. (1996). Using a corpus for stylistics research: Speech and thought presentation. In J. Thomas and M. Short (Eds.), *Using Corpora for Language Research*. pp.110-131. London and

New York: Longman.

Silverstein, M.(1976). Shifters, linguistic categories, and cultural description. In K. Basso and H. Selby (Eds.), *Meaning in Anthropology*. pp.11-55. Albuquerque: University of New Mexico Press.

―――. (1993). Metapragmatic discourse and metapragmatic function. In J. Lucy (Ed.), *Reflexive Language: Reported Speech and Metapragmatics*. pp.33-58. Cambridge: Cambridge University Press.

Sinclair, J. (Ed.). (1990). *Collins Cobuild English Grammar*. London: Harper Collins Publishers.

Sperber, D. and Wilson, D. (1986/1995). *Relevance: Communication and Cognition*. Oxford: Blackwell.

Sternberg, M. (1982). Point of view and the indirections of direct speech. *Language and Style*. 15, 67-117.

砂川有里子 (1988).「引用文における場の二重性について」『日本語学』7, 14-29.

鈴木登美 (2000).『語られた自己』大内和子・雲和子訳　岩波書店

Swift, J. (1726/1985). *Gulliver's Travels*. Dixon, P. and Chalker, J. (Eds.) with an introduction by M. Foot. Harmondsworth: Penguin Books.

田窪行則 (2003). 平成15年度大阪樟蔭大学公開講座文学・文化フォーラム

Tannen, D. (1982). The oral/ literate continuum in discourse. In D. Tannen (Ed.), *Spoken and Written Language: Exploring Orality and Literacy*. pp.1-16. Norwood: Ablex.

―――. (1989). *Talking Voices: Repetition, Dialogue, and Imagery in Conversational Discourse*. Cambridge: Cambridge University Press.

龍城正明 (編) (2006).『ことばは生きている：選択体系機能言語学序説』くろしお出版

辰巳慧 (1983).『ラパチーニの娘――ホーソン作品研究』晃洋書房

Tirkkonen-Condit, S. (1992). A theoretical account of translation―Without translation theory? *Target*. 4 (2), 237-245.

Toolan, M. (1988). *Narrative: A Critical Linguistic Introduction*. London and

New York: Routledge.

———. (1990). *The Stylistics of Fiction: A Literary-linguistic Approach*. London and New York: Routledge.

———. (1998/2004). *Language in Literature: an Introduction to Stylistics*. London and New York: Arnold.

Toury, G. (1995). *Descriptive Translation Studies and Beyond*. Amsterdam and Philadelphia: John Benjamins.

富山太佳夫 (2000).『「ガリヴァー旅行記」を読む――岩波セミナーブックス 79』岩波書店

外山滋比古. (1981).『日本語の素顔』中央公論社

Uchida, S. (1997). Immediate contexts and reported speech. *UCL Working Papers in Linguistics*. 9, 149-175.

内田聖二 (1979).「直接話法と伝達動詞」『語法研究と英語教育』(創刊号) pp.22-34. 山口書店

――― (2000).「ダイクシス――関連性理論からの視点――」『英語青年』146 (7), 15-16.

宇佐美まゆみ (1997).「『ね』のコミュニケーション機能とディスコース・ポライトネス」現代日本語研究会 (編)『女性のことば・職場編』pp.241-267　ひつじ書房

Vandelanotte, L. (2009). *Speech and Thought Representation in English: A Cognitive - Functional Approach*. Berlin: Mouton de Gruyter.

Venuti, L. (Ed.). (1992). *Rethinking Translation: Discourse, Subjectivity, Ideology*. London and New York: Routledge.

———. (1995a). *The Translator's Invisibility: A History of Translation*. London and New York: Routledge.

———. (1995b). Preliminary remarks to the debate. In C. Schäffner and H. Kelly-Holmes (Eds.), *Cultural Functions of Translation*. pp.26-31. Clevedon, Philadelphia and Adelaide: Multilingual Matters.

———. (1998). Strategies of translation. In M.Baker (Ed.), *Encyclopedia of Translation Studies*. pp.241-244. London and New York: Roultledge.

Vermeer, H. J. (1978). Ein Rahmen für eine allgemeine Translationstheorie.

Lebende sparachen. 23 (3), 99-102.

———. (1996). *A Skopos Theory of Translation*. Heidelberg: Text con Text.

———. (2000). Skopos and commission in translation action. In L. Venuti (Ed. and Trans.), *The Translation Studies Reader*. pp.221-232. London and New York: Routledge.

Vinay, J. P. and Darbelnet, J. (1958/2000). A methodology for translation. In L. Venuti (Ed.), *Translation Studies Reader*. pp.84-93. London and New York: Routledge.

Vološinov, V. N. (1929/1973). *Marxism and the Philosophy of Language*. L. Matejka and I. R. Titunik (Trans.). London: Harvard University Press.

山岡實（2001）.『語りの記号論：日英比較物語分析』松柏社

Yamaguchi, H. (1989). On 'unspeakable sentences': A pragmatic review. *Journal of Pragmatics*. 13, 577-596.

山口治彦（1992）.「繰り返せないことば——コンテクストが引用にもたらす影響——」安井泉編『グラマー・テクスト・レトリック』pp.289-326. くろしお出版

——— (2000).「話法とコンテクスト——自由直接話法をめぐって——」*JELS*.17（日本英語学会第17回大会研究発表論文集）17, 261-270.

——— (2003).「語る『声』と引用表現」小池生夫編集主幹『応用言語学事典』pp.309-310. 研究社

——— (2009).『明晰な引用、しなやかな引用——話法の日英対照研究』くろしお出版

柳父章（1981）.「翻訳語の功罪」『英語青年』127, 9: 25-26.

——— (1982).『翻訳語成立事情』岩波新書

吉田・クラフト, B.（1984）.「日本の小説の中の時間」『図書』9月号, 2-9.

あとがき

　本書は筆者の神戸大学大学院総合人間科学研究科博士論文『翻訳における話法——異化・同化ストラテジーの観点から——』を基にしたものである。筆者が博士論文を書き始めた頃には、国内に翻訳学会もなく、翻訳研究の間口は決して広いとはいえなかった。しかし昨今、時代の要請に伴って、通訳・翻訳の専門コースを設置する大学も増え、2008年には、かねてからあった日本通訳学会が日本通訳翻訳学会と改名され、活発な翻訳研究が行われ始めていることは、頼もしく喜ばしいことである。

　このように翻訳研究の裾野が広がるに従って日本語での翻訳学専門書の出版が増えると、人名や専門用語の統一という問題が起こってくる。2009年刊行の鳥飼玖美子監修『翻訳学入門』監訳者あとがきでも触れられているように、日本語には無い発音のカタカナ表記や、用語の訳語統一は容易なことではない。読者の混乱を避けるために、上掲書となるべく統一を図るよう心掛けたが、幾つか食い違っているものもある。たとえば、人名では関連性理論の Gutt には、『関連性理論——伝達と認知』（内田聖二他訳）で用いられているグットを採用した。Vermeer は『翻訳行為と異文化間コミュニケーション——機能主義的翻訳理論の諸相』（藤濤文子著）に倣ってフェアメーアとし、Venuti は nu にアクセントがあることから、ヴェヌーティと表記している。さらに、そのヴェヌーティの foreignization/ domestication の概念を筆者が初めて異化・同化と活字にしたのは2000年に遡るが、それ以降既

にいくつかの学会誌にその訳語で掲載されており、また他の研究者の使用例も多い。加えて異化・同化は演劇や文学においても使用される用語で分かりやすいため、本書ではこの訳語を当てているが、概念の説明は該当箇所で詳しく行った。

本書の第3章は『国際文化学』8、第5章は『英語教育研究』25（月刊誌『英語教育』52巻1号（2003: 80-82）にて紹介）掲載の拙論に加筆・修正を加えたものであり、第6章の一部は、*Intercultural Communication Studies* XV (1)、第7章の一部は『社会言語科学』11, (1) に掲載されている。またコラムは *The JASEC BULLETIN* (19), 1 掲載の論文の中から数例を取り上げた。

博士論文執筆の折にも、本書をまとめるに当たっても、神戸大学教授の藤濤文子先生には、有益なご助言とご指導を頂いた。恩師の藤濤先生に続いて、同じ松籟社から拙書を出版できることはこの上も無い光栄である。神戸市外国語大学教授の山口治彦先生にも、話法や談話研究の幅広い見地からご指導を頂き、ご担当の博士課程の授業で、院生の皆さんからも貴重なご意見を伺う機会を与えて頂いた。

また博士論文執筆に際しては、神戸大学言語論講座の諸先生方にご指導を賜り、他のたくさんの方々のお力添えも頂いた。博士論文の謝辞にてお礼申し上げたので、ここで一人一人のお名前は記さないが、改めて感謝の意を表したい。

最後に松籟社の木村浩之氏には、幾度にも渡り、編集者の視点から字句の不統一や漢字・仮名使いなどの注意点を、また一般読者の視点に立っての有益なご指摘を頂いた。ここにお礼を申し上げたい。

2011年春

伊原紀子

索 引

本文、注で言及した術語、関連語句を事項索引にまとめた。また同じく言及した研究者名・作家名等の人名を人名索引に配列した。

●事項索引

【アルファベット】

affect　　13, 147, 153
DM 標識　　151, 163, 171
dual voice　　209
NRSA/NRTA　　98, 100, 112, 118, 120-122, 124, 127, 131, 134, 137-139, 141-142, 155, 157, 177-178, 215

【あ行】

異化　　18-19, 21-22, 25-32, 40, 43-46, 50, 62, 64-65, 69, 80, 102, 117, 124-125, 129, 131, 133-134, 137, 206, 220-222
異化効果　　44-46, 80, 134
1 人称　　20, 93, 113, 122, 157, 159, 163, 170, 209, 217
一貫性　　19, 33, 35, 41-42, 46, 113
イデオロギー　　31-32
イミテーション　　27
意訳　　26-27
イントネーション　　66, 148, 151, 153, 167-169, 172, 185, 190, 223, 225
イントネーション・ユニット　　167, 172
引用符　　62, 66, 79, 83, 85, 87, 90, 92, 95-97, 100, 108-109, 112, 118, 123, 135,

148, 154, 177, 200, 214, 221, 225
訴え機能　　33
エコー発話　　106, 113
遠隔化　　196-197
音訳　　64

【か行】

解釈的用法　　38
解釈的類似　　38, 42, 46
カタカナ語　　45, 62, 65, 67, 134, 222
語り手の声　　97, 101, 107-108, 110, 118, 121, 155, 184-185, 187-188, 190-191, 193-194, 197, 199-200, 203-204, 208, 214
語り手寄り　　121, 157, 221
含意　　31, 35, 46, 51, 62, 153
感情移入　　12, 56, 119, 131, 179, 181, 183, 186, 204, 221
感情的かかわり（involvement）　　108, 113
感情的態度　　13, 147, 163, 177, 179, 223
関連性理論　　37-38, 40-42, 46, 204
擬似翻訳　　69-70, 74-78, 220
起点言語（SL）　　30, 67, 75
機能主義的翻訳　　14, 21, 23, 32, 34, 37, 83, 220
規範　　18-19, 27-31, 33, 50, 81, 124, 153
客観的把握　　223-224
距離感　　71, 101, 108, 125, 131, 134, 154, 193, 197, 199, 206, 214
近接性　　196-197
クライン　　38, 98, 100-101, 118, 121, 123, 125
結束性　　20, 33, 45-46
検閲　　74, 76
言語機能　　33-34
言文一致　　45, 130
言葉遊び　　39-40, 116
コミュニケーション機能　　33-34, 195

索引　247

コミュニケーション状況　　35, 48, 101, 145, 220-221
コミュニケーション的　　14, 32, 44, 83, 124, 220
誤訳　　14, 125, 193-194

【さ行】

3人称小説　　86, 136, 159-160, 194-196
私小説　　209, 217
事態把握　　171, 179, 215, 220, 223
視点（の）移行　　80, 123-124, 212
社会的意味　　13, 36, 147, 169, 222
借用語　　45
主観的把握　　215, 223-224
受容者　　16, 35, 37, 41
証拠性　　169, 173
情報提供　　41
叙述機能　　33
心的態度　　15, 20, 92, 147-152, 169-170, 185, 226
推意　　38, 46, 153
推論　　40-41, 44, 51, 62, 181, 188
スコポス　　14, 34, 41-44, 46, 201, 216, 220, 226
スコポス理論　　34, 41-44, 46
スタンス　　169, 182
ストラテジー　　19, 21, 25, 28, 30-32, 41, 43-44, 46, 50, 67, 69, 117, 125, 171, 220
責任（語用論的責任、発言の責任）　　56, 70, 74, 79, 101
ゼロ代名詞　　123, 136, 208
挿入節　　91, 111, 144, 156, 212

【た行】

ダイクシス　　53, 67, 90-91, 103, 111, 119, 135
対人的意味　　152

対人的機能　　23, 34, 114, 151-153, 177, 199, 213, 222-221, 226
対訳　　43, 46, 227
対話的　　103-104, 187
多重の声（ポリフォニー）　　22, 104, 106, 186, 190
談話分析　　15, 17, 56, 88
逐語訳　　27, 39, 45, 65, 67, 126
仲介　　16-17, 51, 53, 66, 78, 220
忠実性　　38, 41-42
直示語　　92, 121, 193, 199, 204, 212, 214, 221, 225
ディスコース　　14-15, 31, 36, 93-96, 101, 108, 116, 134, 151, 169, 172, 178, 195, 222-223, 225
ディスコースマーカー（談話標識）　　108, 223
伝達節　　62, 73, 83-86, 90-93, 97, 107, 111-112, 118-120, 135, 173, 182, 185, 212, 216, 221, 225
伝達動詞　　18, 66-67, 91-92, 106, 111, 181
等価　　34-38, 41-42, 45, 144, 153, 175
同化　　18-19, 21-22, 25-32, 43-44, 46, 50, 69, 102, 117, 124-125, 128, 133-134, 202, 220-222
登場人物の声　　19, 86, 93, 107, 109-110, 118, 121, 181, 183, 185, 194, 197, 199, 201-202, 204, 207-208, 212
登場人物寄り　　99, 202, 221
動的等価　　35, 153

【な行】

ナラティヴ　　15, 172
二重の声　　22, 78, 106, 135, 165, 203, 213
認識様態的　　18, 185
認知効果　　38, 40-41, 204

【は行】

発話行為　　84, 98, 111-112, 127, 171

発話態度　　13, 22, 70, 147-148, 151, 153, 155, 180-181, 222
発話・伝達のモダリティ　　53, 93, 134, 150, 167-168, 172
発話内行為　　61, 149-150, 171
パラ言語　　66, 73, 151, 169
パラフレーズ　　26-27, 45
パロール　　14
非指示的情報　　147
皮肉（アイロニー）　　13, 36, 70, 92, 101, 105-107, 112, 118-119, 160, 185, 187, 189, 191, 213-214, 225
表意　　38, 46
描写的用法　　38
表出機能　　33, 195
付加疑問　　18, 148, 166-167
文末表現　　95, 153, 156, 159, 166-168, 193, 214, 223
ヘッジ　　18, 72, 108, 113, 148, 153, 165-167, 172, 223, 226
法助動詞　　18, 153, 155, 161, 184-185, 202, 211
ポライトネス　　35-36, 113, 153, 171
翻案　　26-27, 45
翻訳調　　22, 28, 75, 125, 222-223

【ま行】

命題　　13, 113, 134, 148-150, 153, 167-168, 170-171, 179
命題内容　　13, 148, 150, 170
メタ言語　　33, 48, 103
メタフレーズ　　27, 45
メタメッセージ　　113, 171
目標言語（TL）　　18
目標文化　　145
模造翻訳　　27
モダリティ　　15, 53, 93, 119, 134, 149-151, 153, 165-172, 185, 199, 206, 214-215
元発話　　21, 52, 54, 56, 60-63, 67-70, 78-79, 85, 89-91, 100-101, 220

元話者　　16, 50-51, 53, 56, 61, 63, 70, 84-85, 89, 102, 106, 109, 113, 119, 135

【や・ら行】

役割語　　94, 112, 153, 168
呼びかけ語（address term、アドレスターム）　　18, 63, 90, 167, 223
臨場感　　56, 119, 188, 203, 214, 221, 225
ルビ　　65, 67
レジスター　　35, 53, 61

● 人名索引

ヴィネイとダルベルネ　Vinay, J. P. & Darbelnet, J.　　45
ヴェヌーティ　Venuti, L.　　27-30, 32, 78
グット　Gutt, E. A.　　34, 37-38, 41-42, 46
シェフナー　Schäffner, C.　　153
シュライアーマハー　Schleiermacher, F.　　26-29, 32
スペルベルとウィルソン　Sperber, D. & Wilson, D.　　37
タネン　Tannen, D.　　78, 113
チェイフ　Chafe, W.　　108, 196-197
ツルゲーネフ　Turgenev, I. S.　　25
トゥーリー　Toury, G.　　76, 81
ドライデン　Dryden, J.　　27
ナイダ　Nida, E. A.　　14, 27, 50, 52, 129, 136, 146, 184, 188, 203, 226
ニーチェ　Nietzsche, F.　　25
ハウス　House, J.　　153
パスカル　Pascal, R.　　22, 110
ハティムとメイソン　Hatim, B. & Mason, I.　　153
バフチン（ボロシノフ）　Bakhtin, M.（Vološinov, V. N.）　　22, 86, 103-104, 106, 110, 113, 186
ハリデー　Halliday, M. A. K.　　33-34

バンフィールド Banfield, A.　194, 215
ヒエロニムス Hyeronymus　25
ビューラー Bühler, K.　33-34
フェアメーア Vermeer, H. J.　34, 41-42, 44, 57
プロペチウス Propertius　25
ベーカー Baker, M.　35, 45, 153
ホメロス Homer　29
ホラチウス Horace　25
メイナード Maynard, K. S.　80, 151, 157, 163-164, 166
ヤコブソン Jakobson, R.　33, 49-50
ライス Reiß, K.　34
リーチとショート Leech, G. N. & Short, M.　87, 97-98, 100, 118, 121, 123, 143
レヴィ Levý, J.　39

【著 者】

伊原　紀子（いはら・のりこ）

　兵庫県芦屋市に生まれる。神戸市外国語大学英米学科卒業後、丸紅株式会社勤務。其の後神戸大学総合人間科学研究科博士課程修了。博士（学術）。
　現在は、神戸大学、神戸市外国語大学、大阪市立大学、関西学院大学にて非常勤講師。

翻訳と話法　──語りの声を聞く──

2011年5月9日　初版第1刷発行　　　　　定価はカバーに表示しています

著　者　伊原　紀子
発行者　相坂　一

発行所　松籟社（しょうらいしゃ）
〒612-0801　京都市伏見区深草正覚町1-34
電話　075-531-2878　振替　01040-3-13030
url　http://shoraisha.com/

Printed in Japan　　　　　　　印刷・製本　モリモト印刷（株）

Ⓒ 2011　ISBN978-4-87984-294-7　C0080